AF629773

Essen

in der Kinderkrippe

Entwicklungs- und Bildungsort

KRIPPE

Dorothee Gutknecht · Kariane Höhn

Essen

in der Kinderkrippe

Achtsame und konkrete Gestaltungsmöglichkeiten

Mit Fotos von Gudrun de Maddalena

HERDER

FREIBURG · BASEL · WIEN

Im Interesse der besseren Lesbarkeit und weil Frauen in frühpädagogischen Berufen prozentual stärker vertreten sind als Männer, wird in diesem Buch stets die Leserin angesprochen und auch meist die weibliche Form verwendet, wenn von pädagogischen Fachkräften die Rede ist. Selbstverständlich sind damit aber immer Leser und Leserinnen bzw. männliche und weibliche Fachkräfte gleichermaßen gemeint.

MIX
Paper from responsible sources
FSC® C010798
www.fsc.org

© Verlag Herder GmbH, Freiburg im Breisgau 2017
Alle Rechte vorbehalten
www.herder.de

Umschlagfoto und Fotos im Innenteil:
Gudrun de Maddalena
Satz und Gesamtgestaltung: Uwe Stohrer, Freiburg

Vignetten im Innenteil:
Gudrun de Maddalena (S. 9, 15, 24, 34, 51, 56, 78, 82, 89, 94)
© Fotolia.com: cicisbeo (S. 62); Marcel Mende (S. 6, 27)

Herstellung: Graspo CZ, Zlín
Printed in the Czech Republic
ISBN Print 978-3-451-32768-1
ISBN E-Book (PDF) 978-3-451-80860-9

Inhalt

Dank!

Danke an das Netzwerk „Qualität in Kinderkrippen und in der Kindertagespflege, QuiKK Freiburg Südbaden", insbesondere an die AG „(Kulturelle) Vielfalt bezogen auf die Mahlzeitengestaltung, Essen und Trinken", die die beiden Autorinnen gemeinsam mit H. Jansen-Czaja, Abteilungsleiterin der ev. Kitas in Freiburg, moderiert haben. Für die Unterstützung des Netzwerks QuiKK und seiner Projekte bedanken wir uns bei Prof. Dr. R. Kirchhoff, Rektorin der EH Freiburg, bei Bildungsbürgermeisterin G. Stuchlik, Freiburg, bei M. Haardt, bis Juli 2016 Leiterin des Freiburger Amts für Kinder, Jugend und Familie sowie bei K. Ehinger, Fachberaterin, Stadt Freiburg. Den pädagogischen Fachkräften, Eltern und Kindern aus dem Reutlinger Kinderhaus Betzenried, die ihr Einverständnis zur Veröffentlichung der Fotos in diesem Buch gegeben haben, gilt unser ganz besonderer Dank! Für ihre große Unterstützung im Realisierungsprozess, für Praxisbeispiele und Anregungen danken wir R. Gräter-Haas, Leitung Kinderhaus Betzenried, U. Straubinger, Hauswirtschaftsleitung, beide Reutlingen, K. Litzenberger, Montessori Kinderhaus Angell, Freiburg, M. Zipperle, Erzieherin, Bahlingen und C. Bader, Fortbildungs-Referentin, Stuttgart. Für den kritischen Blick aus kindheitspädagogischer Perspektive danken wir unseren Probeleserinnen M. Kramer, Heilbronn und B. Brombacher, Mannheim, beide Krippenleiterinnen. Aus therapeutischer Sicht kommentierten kritisch S. Stehmeier, Physiotherapeutin, Freiburg, B. Fischer, Ergotherapeutin, Mosbach und B. Birner Janusch, Dipl. Logopädin, Münster. Prof. i.R. Dr. H. Schöler und Prof. i.R. Dr. B. Methfessel, beide Heidelberg, danken wir für die kritische Durchsicht unseres Manuskripts.

Einleitung

Die achtsame Begleitung von Kindern in den Lebensaktivitäten „Essen und Trinken" stellt ein wesentliches Element im Krippenalltag dar. Bis zu fünf Mal am Tag begleiten pädagogische Fachkräfte in der Ganztagsbetreuung Babys und Kleinkinder dabei. Die Mahlzeiten-Gestaltung in der Krippe setzt ein Bewusstsein für den hohen Stellenwert der Nahrungsaufnahme für das Erleben von Wohlbefinden und sinnlichem Genuss voraus. In diesen Situationen haben es Fachkräfte immer mit zwei Kindern zu tun: Mit dem Kind in sich, das sie selbst einmal waren, mit einer kulturell geprägten, individuellen „Ess-Geschichte", mit guten und schlechten Erinnerungen rund um Nahrungsaufnahme und Mahlzeiten. Aber auch mit dem Kind vor sich, dem Baby oder Kleinkind, das einen individuellen Rhythmus und bereits eine eigene „Ess-Geschichte" in die Institution mitbringt. Eine hohe Qualität der Mahlzeiten-Gestaltung zeigt sich im Krippenalltag darin, dass pädagogische Fachkräfte reflexiv und kultursensibel mit Kindern und ihren Familien mit unterschiedlichen Ess-Biografien, Werten und Verhaltensweisen arbeiten können.

Das Kind ist erst auf dem Weg, selbstständig essen und trinken zu lernen. Es erwirbt die Fähigkeit, seine Großmotorik mit der Fein- und Mundmotorik zu koordinieren, mit den unterschiedlichen Wahrnehmungseindrücken zurechtzukommen, mit ersten Werkzeugen wie dem Löffel umzugehen und die soziale Situation einer Tischgemeinschaft zu bewältigen. Hunger und Sättigung können vom Kind erst nach und nach eingeordnet und in zunehmend eindeutigere Signale übersetzt werden. Physische, psychische und soziale Prozesse greifen hier eng ineinander.

Im Laufe ihrer Ess-Entwicklung zeigt circa ein Viertel aller Kinder regulatorische Anpassungsschwierigkeiten. Bei Kindern mit Entwicklungsauffälligkeiten oder Behinderungen sind es bis zu 80 Prozent, die Regulationsprobleme haben und/oder bei denen ein auffälliges Essverhalten oder Störungen bei der Nahrungsaufnahme – Fütter-Störungen – festzustellen sind. Was tun, wenn nur breiige Kost gegessen und alles andere abgelehnt wird? Viele Lebensmittel sind für das kleine Kind fremd und neuartig, sie müssen erst kennengelernt werden. Wie kann ein extrem wählerisches Ess-Verhalten eines Kindes angemessen beantwortet werden? Sollen Kinder probieren müssen? Wie damit umgehen, wenn Kinder mit Essen werfen, Essen in der Backentasche bunkern, Essen ausspucken, oft husten, sich verschlucken oder gar würgen?

Anders als in der Familie müssen bei der Mahlzeiten-Gestaltung in einer Institution die Organisation – wie zum Beispiel die Anlieferungszeiten des warmen Essens, der Dienstbetrieb der Hauswirtschaft oder die Dienstplangestaltung der pädagogischen Fachkräfte – und die Beziehung zu den Kindern in eine gute Balance gebracht werden. Die optimale Beziehungsgestaltung und Beantwortung der kindlichen Bedürfnisse sollten für die Ausgestaltung von Raum, Mobiliar, Ess-Utensilien sowie für den pädagogisch gestalteten Tagesablauf und den Dienstbetrieb handlungsleitend sein. Häufig ist jedoch genau das Gegenteil zu beobachten: Die Lieferzeiten des Caterers, die Küchenausstattung oder die schon vorhandene Ausstattung dominieren die Gestaltung der Mahlzeit.

Pädagogische Fragestellungen in der Einrichtung betreffen häufig die Gestaltung und Vorbereitung der Ess-Umgebung, die Positionierung der Kinder auf Stuhl, Hochstuhl oder Essbänkchen. Darf Essen immer zugänglich sein? Wie kann eine Tischkultur entwickelt werden? (Wie) werden Messer und Gabel eingeführt und genutzt? Wie sollen und dürfen kleine Kinder sich beteiligen, angefangen beim Tischdecken, über die Hilfe beim Saubermachen bis hin zur Mülltrennung? Auch die „Langsam- und Schnell-Esser" stellen eine Herausforderung im Gruppenkontext dar, denn wartende Kinder reagieren oft mit ausagierenden Bewegungen auf den „Leerlauf" und beginnen mit dem Geschirr oder dem Besteck zu spielen, zu klopfen oder zu werfen. Essen ist zudem ein Autonomie-Thema, ein Bereich, über den Vertrauen und Kontrolle, Selbstwirksamkeit, aber auch Macht erlebt werden können.

Wenn Kleinkinder sowohl in der Familie als auch in einer Krippe betreut werden, bilden Familie und Institution miteinander ein geteiltes Betreuungsfeld. In den Blick genommen wird daher, wie beide Seiten – Familie und Institution – bezogen auf die Lebensaktivitäten Essen und Trinken einen achtsamen Austausch miteinander pflegen können. Eltern machen gerade am Essverhalten ihres Kindes oft fest, ob es ihm in der Kinderkrippe gut geht. Die Sorge der Eltern, ob ihr Kind genug oder das „Richtige" gegessen hat, ist daher Thema vieler Tür-und-Angel-Gespräche bei den sogenannten Übergaben – gerade in der Eingewöhnungsphase. Wie mit der Heterogenität der Kinder und Familien angemessen umgegangen werden kann, ist ein Reflexionsthema für das gesamte Team einer Einrichtung.

1. Die Lebensaktivitäten „Essen und Trinken“ im geteilten Betreuungsfeld

Wenn Kinder neben der Zeit in ihrer Familie einen Teil des Tages in einer Kinderkrippe verbringen, befinden sie sich in einem Betreuungsfeld, das sich zwischen Familie und Institution aufteilt (Ahnert 2015). Beide Seiten müssen bezogen auf die Nahrungsaufnahme, Essen und Trinken, zu einer gut balancierten Zusammenarbeit finden. Dies ist anspruchsvoll, denn Wachstum und Gedeihen des eigenen Kindes sehen Eltern über alle Kulturgrenzen hinweg als ihre ureigene Verantwortung an. Je jünger das Kind ist, umso notwendiger ist eine responsive Abstimmung sowohl auf das Kind als auch auf die Eltern.

Durch die gelingende Beantwortung der kindlichen Signale bei den sich täglich wiederholenden Mahlzeiten lernt das Kind zu spüren: Wann bin ich hungrig? Wann bin ich satt? Es lernt die Lebensmittel und ihre unterschiedlichen Konsistenzen kennen, aber auch die Abläufe und Gebräuche rund um die Mahlzeiten, wie sie zuhause und wie sie in der Einrichtung umgesetzt werden. Eltern und pädagogische Fachkräfte begleiten die Kinder hier bei der Entwicklung von Selbstpflege- bzw. Selbst(für)sorgekompetenzen bezogen auf Essen und Trinken. Dabei sind motorische, sensorische, emotionale und kognitive Entwicklungsaufgaben zu meistern. Essen und Trinken gelten als „Lebensaktivitäten“, die in den ersten Lebensjahren ein hohes Maß an Assistenz erfordern und ein wichtiges Bildungsfeld darstellen. Einen Überblick über alle Lebensaktivitäten, die im Krippen-Alltag von Bedeutung sind, bietet die folgende Zusammenstellung:

Die Aktivitäten des Lebens (nach Roper et al. 2009; Gutknecht 2015)

1. Atmen
2. Sich bewegen
3. Kommunizieren
4. Den eigenen Körper pflegen
5. Essen und trinken
6. Ausscheiden (windelfrei werden, Sauberkeitserziehung)
7. Sich kleiden
8. Ruhen und schlafen
9. Spielen
10. Sich als Junge oder Mädchen fühlen und verhalten
11. Für eine sichere Umgebung sorgen
12. Sinn finden im Werden – Sein – Vergehen

Die Begleitung der Kinder in den genannten Lebensaktivitäten stellt in der Pädagogik der Kinder bis drei ein zentrales Thema dar. Sie soll immer responsiv gestaltet sein. Doch wann ist die Arbeit einer pädagogischen Fachkraft responsiv?

2. Responsivität: Das professionelle Antwortverhalten

Der Fachbegriff Responsivität kann mit „Antwortlichkeit" oder „Antwortverhalten" übersetzt werden. In der Krippenpädagogik bedeutet er, dass sich die pädagogische Fachkraft auf das Kind, auf seine Familie, aber auch auf das Team in bestmöglicher Weise abstimmt (Gutknecht 2015). Viele Forschungsergebnisse zeigen, dass in einer gelungenen Abstimmung ein zentraler Wirkfaktor der pädagogischen und auch therapeutischen Arbeit zu sehen ist (Gutknecht 2015; Sarimski 2012). Ganz allgemein betrachtet, zeigt die responsive Fachkraft ein hohes Maß an Wärme, Humor und Freundlichkeit. Sie spiegelt die kindlichen Emotionen, Bewegungen und Lautierungen. Sie knüpft an die kindlichen Aktivitäten an und berücksichtigt das Verarbeitungstempo des Kindes. Sie hilft dem Kind, zu den alltäglichen Handlungen wie Waschen, Spazierengehen, Essen und Trinken ein Skript aufzubauen. Skripts sind Handlungsmuster: die „Drehbücher" für die Alltagssituationen.

Die pädagogische Fachkraft reguliert durch ihr abgestimmtes Antwortverhalten die emotionale Spannungslage des Kleinkindes und federt Stress ab. Ein freundliches und zugewandtes Verhalten allein reicht dabei allerdings nicht aus, um die vielen unterschiedlichen Situationen in Krippe und Kita angemessen zu meistern. Pädagogische Fachkräfte benötigen ein spezialisiertes Wissen, um sich angemessen auf das Kind und seine Familie abstimmen zu können (Gutknecht 2015). So erfordert die pädagogische Begleitung des Kindes beim Essen-und-Trinken-Lernen durchaus andere Planung und andere Verhaltensweisen als die Begleitung beim Schlafen und Ruhen, beim Wickeln oder beim An- und Ausziehen an der Garderobe.

Responsivität zu zeigen ist anspruchsvoll für pädagogische Fachkräfte, weil die Vielfalt an Familien und Kindern groß ist: Fachkräfte haben Kinder vor sich, die sich bezogen auf Essen und Trinken auf ganz unterschiedlichen Entwicklungsniveaus befinden. Kinder kommen mit unterschiedlichen kulturellen und subkulturellen Hintergründen in die Einrichtung – dabei ist jede Familie für sich besonders und bringt unterschiedliche Ernährungsgewohnheiten und Verhaltensformen bei den Mahlzeiten mit. Kinder mit Handicaps im Bereich der Körpermotorik, die das Essen-und-Trinken-Lernen erschweren können, benötigen oft spezielle Formen der Assistenz. Die enge Verbindung von Essen und Emotionen kann Fütter- und Ess-Beziehungen zwischen Kindern und Erwachsenen zur besonderen Bühne für Konflikte um Autonomie machen.

Neuere Forschungsergebnisse zeigen, dass Säuglinge und Kleinkinder in der institutionellen Betreuung oft eine hohe Stress-Belastung haben (Ahnert 2015). Nachgewiesen wurde dies durch Speichelproben von Krippenkindern, bei denen auffällige Werte des Stresshormons Cortisol festgestellt worden sind.

Responsive Abstimmung bedeutet gerade bei der Mahlzeitengestaltung ein Reduzieren von möglichen Stressoren und das Vermeiden von institutioneller Eile und Hektik. Dies macht eine sehr genaue Analyse der Mahlzeiten in ihrem gesamten Anforderungsprofil erforderlich. Als besonders belastend gelten Organisationsformen, die ein Abfüttern oder Durchfüttern, manchmal auch eine „Fließband-Abfertigung" der Kinder mit sehr geringen individuell gestalteten Beziehungsmomenten vorsehen.

Die Umsetzung einer unbedingt notwendigen stressreduzierenden Pädagogik in der Krippe (Gutknecht 2015) bedeutet immer, sowohl die Kinder als auch die pädagogischen Fachkräfte in den Blick zu nehmen. Gestresste Erwachsene können sich den Kindern nicht ausreichend emotional zuwenden. Es steigt das Risiko eines sozial kalten und an reiner Zeitökonomie orientierten Verhaltens, der Abwesenheit von Ruhe, Freude und Genuss. Die Gefahr von übergriffigen Verhaltensweisen bei den Mahlzeiten erhöht sich. Ein solches Klima kann sich äußerst negativ auf das Essverhalten, die Nahrungsaufnahme und auf die kindliche Entwicklung insgesamt auswirken.

Nur mit umfangreichem Fachwissen ist eine pädagogische Fachkraft in der Lage, sich bei den Mahlzeiten responsiv zu verhalten. Dazu gehören Kenntnisse über

- die Entwicklung von Essen und Trinken,
- das Erkennen von Signalen, die auf Hunger oder Sättigung hinweisen,
- das Erkennen von muskulärer Spannung und Entspannung beim Essen und Trinken,
- responsive Strategien in Bezug auf Unterstützung des Probierens von Lebensmitteln,
- die Entwicklung des kulturellen Mahlzeiten-Skripts und Strategien kultureller Responsivität bei der Mahlzeit,
- die spezifische Didaktik beim Einsatz oder bei der Einführung von Mobiliar, Geschirr und Besteck einschließlich möglicher ergänzender Hilfsmittel für die Nahrungsaufnahme,
- typische Regulations- und Anpassungsschwierigkeiten und Störungen, die im Bereich Essen und Trinken sowie in der Mahlzeiten-Situation auftreten können, und responsive Strategien, um das Kind hier gut zu unterstützen,
- Risiken und Nebenwirkungen institutioneller Gegebenheiten in der Mahlzeiten-Situation, die soziale Kälte erzeugen und zu einer Verringerung der eigenen Responsivität führen können,
- die Gestaltung des Settings von Mahlzeiten und die damit verbundenen organisatorischen Aufgaben in der Krippe einschließlich responsiver Strategien zur Stressreduktion bei der Begleitung der Kinder in den Mahlzeiten-Situationen.

Alle Kinder durchlaufen beim Essen-und-Trinken-Lernen ähnliche Entwicklungsphasen in Bezug auf Wahrnehmung und Motorik. Große Unterschiede können in den Familienkulturen bestehen, zum Beispiel zu den Fragen: Was wird gegessen? Wie lange wird gefüttert? Eine pädagogische Fachkraft, die sich auf diese Unterschiede einstellt, handelt im Sinne einer „kulturellen Responsivität".

3. Essen und Kultur: Kulturell responsive Begleitung von Mahlzeiten

Schoßfüttern mit der Zwei-Löffel-Methode

Eine große Herausforderung für die pädagogischen Fachkräfte in der Begleitung kleiner Kinder bei den Mahlzeiten ist in der gelingenden Beantwortung von kultureller Vielfalt zu sehen. Pädagogische Fachkräfte sind daher als Brückenbauerinnen gefragt, die den Kindern weiche Übergänge zwischen ihrer Familie und der Institution ermöglichen. Auch geben sie eine hilfreiche Orientierung, wie der Lebensort Kinderkrippe „funktioniert". Eine wohltuende Gestaltung der Mahlzeiten in der Einrichtung kann für das Kind ein Anker am neuen Ort sein. Essen ist mit Geruch, Geschmack und Atmosphäre verbunden, all dies kann zu Entspannung und Wohlbefinden beitragen. Damit Fachkräfte sich gut auf die ihnen anvertrauten Kinder abstimmen können, sollten sie daher etwas über die familiären Ess-Gewohnheiten in Erfahrung bringen und gezielt Anknüpfungspunkte suchen:

- Welches Mahlzeiten-Skript bringt das Kind in die Einrichtung mit?
- Welche „Speisekarte" bringt das Kind mit? Welche Speisen mag es gerne, weniger oder gar nicht?
- Wie kann ermutigend mit unterschiedlichen Ess-Stilen umgegangen werden?
- Welche Lebensmittel könnten helfen, eine Geschmacks-Brücke zu bauen?

3.1 Die Entwicklung des kulturellen Mahlzeiten-Skripts

Kinder bauen zu Alltagsereignissen, die sich regelmäßig wiederholen, sogenannte „Skripts" auf (Gutknecht 2015) – ähnlich wie bei einem Drehbuch für einen Film. Sie lernen, dass es für viele Situationen einen typischen Handlungsplan gibt: eine Art Drehbuch zum An- und Ausziehen, zum Wickeln, aber auch zum Essen und Trinken. Dabei unterliegen alle Alltagserfahrungen und damit jedes Skript, das erworben wird, einer kulturellen Prägung (Borke & Keller 2014):

In der autonomie-orientierten Erziehung, wie sie in der westlichen Mittelschicht (z.B. in Deutschland, den USA) die Regel ist, werden viele Strategien vermittelt, die es Kindern ermöglichen sollen, früh selbstständig und unabhängig zu werden. Für das Mahlzeiten-

Skript bedeutet dies zum Beispiel, dass die Kinder schon sehr früh lernen, sich selbst das Essen auf den Teller zu laden oder ein Getränk einzugießen. Sie werden früh ermutigt, selbst mit den Händen oder mit dem Löffel zu essen, und werden nicht lange gefüttert.

In der verbundenheits-orientierten Erziehung, wie sie oft in ländlichen Kontexten nicht-westlicher Länder zu finden ist (z.B. in ländlichen Gebieten in Afrika oder in Japan), werden Säuglinge und Kleinkinder und ältere Kinder noch lange gefüttert, zuweilen bis ins Schulalter. Sie bauen somit auch ein „Fütter-Skript" zu den Mahlzeiten auf. Frühe Autonomie ist in vielen Familien kein erklärtes Erziehungsziel. Es ist unüblich, dass sich Kinder unter drei Jahren schon selbst das Essen auf den Teller schöpfen oder sich ein Getränk eingießen.

Die erworbenen „Drehbuch-Skripts" zu Alltagssituationen sind bedeutsam für das Weltverstehen und erleichtern die Vorhersehbarkeit von Ereignissen. Sie haben eine wichtige Entlastungsfunktion, da sich aus ihnen das angemessene Verhalten für viele andere neue und unterschiedliche Situationen ableiten lässt (Flechsig 1996). Das Kind, das im geteilten Betreuungsfeld aufwächst, lernt zuhause ein familienbezogenes Mahlzeiten-Skript kennen, aber ergänzend dazu auch eines, das in der Kinderkrippe gilt. Die Erfahrungen, die ein Kind in den Mahlzeiten-Situationen in der Krippe sammelt, bestimmen dann sein Krippen-Mahlzeiten-Skript. Wenn das Mittagessen in der Gruppe zum Beispiel unruhig und hektisch ist, die Mahlzeitausgabe wie am Fließband erfolgt, so wird dies als typisches Skript für „Mahlzeit in der Kinderkrippe" abgespeichert und erinnert. Diese Erfahrungen nimmt das Kind dann auch in das anschließende Betreuungs-Setting Kita oder Kindergarten mit. Eine wichtige Frage für pädagogische Fachkräfte ist daher: Wie soll das Mahlzeiten-Skript der Kinder in unserer Einrichtung genau aussehen? Wie muss es beschaffen sein, damit die Kinder sich schnell orientieren können und sich sicher fühlen? Was wollen wir bedenken, um dem Kind ein gutes Rüstzeug für die Gestaltung von Mahlzeiten in der Gemeinschaftsverpflegung zu ermöglichen?

3.2 Skript-Aufbau und „Choreografie der Pflege" (Pikler)

Interessant ist in diesem Zusammenhang das Vorgehen in der Pikler-Pädagogik, in der die Wichtigkeit einer „Choreografie der Pflege" betont wird (Pikler & Tardos 2014). Die Gestaltung der Abläufe im Krippen-Alltag wie Essen, Schlafen, Wickeln ist dort sehr genau festgelegt. Alle Fachkräfte eines Teams verwenden bei der Assistenz bei den Mahlzeiten ähnliche Gesten. Sie beschreiben die wiederkehrenden Handlungen mit ähnlichen Worten. Sie führen mit den Kindern einen ähnlichen Bewegungs- und Berührungsdialog. Diese „Choreografie der Pflege" (ebd.) erleichtert es dem Kind sehr, ein Skript und damit einen Handlungsplan für typische Alltagssituationen in der Kinderkrippe aufzubauen. Es erlangt dadurch rasch Sicherheit in der neuen Umgebung, da sich die Bezugspädagoginnen vorhersehbar verhalten und die Ereignisse stets wiederholen. Der Begriff des Skripts ist von der Bedeutung her nicht gleichzusetzen mit „Choreografie der Pflege" oder dem Begriff der „Alltagsroutine". Ein Skript ist die mentale Repräsentation dieser Alltagssituationen im Gehirn. Für Kinder, die einen großen Kontrast in den Alltagssituationen zwischen Elternhaus und Einrichtung erleben, ist dieses Vorgehen als besonders stärkend einzuschätzen.

3.3 Die schelmische Begegnung: Skripts und Humor

Hat das Kind eine Sicherheit über die immer gleichen Handlungsbläufe im Alltag aufgebaut, ein Skript zur Mahlzeit erworben, dann wird es kognitiv beweglicher und beginnt mit dem Skript zu spielen, es aus Spaß zu „verletzen" und die Skript-Erwartungen der anderen zu enttäuschen. Hier beginnt die kindliche Entwicklung von Humor (Gutknecht 2015).

Beispiel | „Die Kinder der Gruppe krochen und krabbelten im Alter von acht bis neun Monaten schon sehr geschickt. Wenn ich sie zum Essen oder Baden rief, haben sie sich lebhaft in Bewegung gesetzt, kamen auf mich zu, sind dann auf halbem Weg umgekehrt und lachten, als sie mein enttäuschtes Gesicht sahen" (Török 2014, S. 130).

Sprache und Kognition, Gedächtnis und Orientierung, Humor und Frustrationstoleranz werden durch einfühlsames Arbeiten an Skripts unterstützt. Auch die Entwicklung eines autobiografischen Gedächtnisses beruht im Wesentlichen auf dem Skript-Aufbau. Erinnerungen werden in Skripts gespeichert, zum Beispiel:

„Als ich gezwungen wurde, Rosenkohl zu essen …"

„Da haben wir mit allen Kindern draußen gepicknickt!"

3.4 Skripts und Spiel im Kontext von Mahlzeiten

Der Skript-Reichtum eines Kindes macht auch sein Spiel reicher: Wer ein Restaurant kennengelernt hat, kann mental ein „Restaurant-Skript" aufbauen und dann auch Restaurant spielen. Das Spielen in einer Krippe oder Kita ist gerade deshalb für die Kinder so spannend, weil unterschiedliche (kulturelle) Skripts in das Spiel eingebracht werden. So erhalten auch diejenigen Kinder einen gewissen Eindruck davon, was Restaurant wohl bedeutet, die noch kein Restaurant kennengelernt haben. Sie orientieren sich im Spiel am Modell der anderen.

Beispiel | Maja (2,9 Jahre) und Nicolai (2,11 Jahre) besuchen eine Waldkrippe. Mit ihren Familien waren sie in den Ferien im Schifffahrtsmuseum in Bremerhaven. Dort haben sie auf einem Restaurant-Schiff, einer Windjammer, gespeist. Sie bringen aus diesem Urlaub Worte mit wie „Kapitän", „Schiffskoch" und „Kombüse" und spielen einen Sommer lang im Wald immer wieder „Kombüse" und „Restaurant", was von den anderen Kindern mit großer Begeisterung – mitspielend – aufgenommen wird.

Ältere Krippenkinder nehmen in ihren ersten So-tun-als-ob-Spielen gerne Alltagsroutinen auf; Essen gehört auch dazu. Ein Angebot mit Gegenständen aus der Küche und vom Esstisch unterstützt das Nachspielen von Skripts und die Auseinandersetzung mit ihnen. Es empfiehlt sich, bei der Auswahl der Gegenstände die Familien einzubeziehen: Ein türkisches Mokkakännchen, eine italienische Espressomaschine, das Spätzlebrett – die Kinder knüpfen an ihre Familienkulturen an und lernen gleichzeitig im Spiel die kulturellen Skripts ihrer Spielpartner kennen.

3.5 Vielfalt erfahren durch kontrastreiche Skripts

Pädagogische Fachkräfte in einem Team handeln und verhalten sich auf der Basis ihres erworbenen Skript-Inventars. Durch welche kulturellen Besonderheiten ihr eigenes Mahlzeiten-Skript geprägt ist (Gutknecht 2015), wird erst durch den Kontrast mit anderen Skripts deutlich. Dies kann sowohl in der konkreten Anschauung, aber auch in der fachlichen Auseinandersetzung mit Themen kultureller Vielfalt erfolgen. Die bewusste Auseinandersetzung mit diesen Kontrasten – auch im Team – ist unterstützend, um ein touristisches Denken in Klischees und Stereotypien zu vermeiden (Derman-Sparks & Ramsey 2013).

So gibt es weltweit sehr unterschiedliche Regeln für Tischsitten, darunter auch solche, die in einem erheblichen Kontrast zu den in Deutschland üblichen stehen. In vielen Milieus weltweit gehört zum Beispiel geräuschvolles Schlürfen zu einer Mahlzeit dazu und ist als eine Wertschätzung des Kochs aufzufassen. Das komplette Aufessen der Speisen wird mancherorts als Beschämung des Gastgebers verstanden; es gilt als fein, einen Rest stehen zu lassen. Tischgespräche sind in dem einen Milieu Ausdruck gehobener Esskultur, im anderen absolut unüblich. Weltweit wird über die Einhaltung oder auch über das „Einhalten-Können" von Tischregeln Hierarchie kommuniziert: Wohlhabende haben andere Tischregeln als Menschen in Armut oder an der Armutsgrenze. Tischregeln für ganz Indien, ganz China oder ganz Afrika, wie es viele interkulturelle Ratgeber nahelegen, gibt es nicht. Innerhalb jedes Landes sind unterschiedliche Milieus erkennbar, die sich hinsichtlich der Ess-Sitten deutlich unterscheiden. Eine Familie mit einem Migrationshintergrund, die in Deutschland lebt, orientiert sich nicht unbedingt an den Mahlzeiten-Regeln des Heimatlandes. Im Aufnahmegespräch lässt sich klären, wie das Mahlzeiten-Skript für eine Familie aussieht (siehe Interviewleitfaden im Anhang, Seite 110ff.).

Beispiel | Eine Mutter aus China erzählt: „Nein, wir essen hier nicht mit Stäbchen. Wir erwarten auch nicht, dass unsere Tochter in der Einrichtung mit Stäbchen isst oder welche im Besteckkasten sieht. Sie soll hier so essen, wie alle essen, wie es hier in Deutschland üblich ist. Bei uns zuhause isst sie mit dem Löffel. Für Stäbchen ist sie noch zu klein. Kinder lernen mit ungefähr drei Jahren mit Stäbchen zu essen, vorher ist es noch zu gefährlich, denn Stäbchen sind ja sehr spitz. Für Kinder gibt es extra Lern-Stäbchen, die etwas kleiner sind."

Häufig werden die Mahlzeiten-Skripts von Familien mit Zuwanderungsgeschichte gemischt, was die Essregeln angeht. Auch wenn im Heimatland auf dem Boden gegessen wird, kann die Familie in Deutschland am Tisch essen. Die interessierte Auseinandersetzung der pädagogischen Fachkräfte mit der jeweils individuellen Familie führt zu den Wegen, die in der Begleitung des Kindes wichtig sind.

Beispiel | Lamina, ein zweijähriges Kind mit einem senegalesischen Hintergrund, ist noch in der Eingewöhnungsphase. Seit einigen Tagen bittet Frau Bergmann, ihre Bezugspädagogin, Laminas Mutter, an den Esstisch in der Kita zu kommen, damit Lamina sehen kann, dass ihre Mutter es vollkommen in Ordnung findet, wenn alle gemeinsam am Tisch sitzen und ihre Mahlzeit einnehmen.

Auch für die Krippenkinder ist es interessant, wenn die in der Krippe vertretenen Kulturen sichtbar werden, zum Beispiel dadurch, dass die Eltern etwas für die Gruppe kochen. Dies sollte nicht aus lauter Sorge vor kulturellen Stereotypien unterbleiben. Es gehört zur regulären Skript-Entwicklung bei Kindern und Erwachsenen, dass zunächst wenig flexible, einseitige Skripts entstehen. Erst bei einer größeren Anzahl unterschiedlicher Erfahrungen differenziert sich ein Skript aus. Es ist daher

Aufmerksam beobachtet das im Hintergrund abgebildete Kind das andere beim Gießen der braunen Sauce mit dem kleinen Krug.

auf Möglichkeiten einer solchen Ausdifferenzierung zu achten, damit sich Skripts erweitern können. Einseitige Skripts bauen Kinder zunächst auch zu Speisen der eigenen Kultur auf.

Beispiel | Für Miro ist „Sauce" warme, braune Bratensauce. Bei der Frage seiner Bezugserzieherin „Möchtest du Sauce?" assoziiert er deshalb diese Sauce und fühlt sich bitter getäuscht, als diese auf sein „Ja" eine rote Sauce über sein Essen kippt. Dass es sich bei „Sauce" auch um rote Tomatensauce, kalte Knoblauch- oder Currysauce handeln kann, realisiert Miro erst nach und nach.

Kinder, die im geteilten Betreuungsfeld von Familie und Kita aufwachsen, entwickeln sowohl ein familiäres als auch ein Kita-Mahlzeiten-Skript. Ihre Erfahrungen können dabei sehr unterschiedlich aussehen: So erlebt Fabian (2,5 Jahre) ein Mahlzeiten-Skript, das dem seiner Familie in vielen Bereichen ähnelt. Sein Freund Amit (2,7 Jahre) macht hingegen die Erfahrung von überaus großen Unterschieden zum Mahlzeiten-Skript in seiner Familie. Die Brücken, die bei den beiden Kindern zwischen Kita- und Familienwelt gebaut werden müssen, sind unterschiedlich groß:

Beispiel | Fabian (2,5 Jahre), geboren in Deutschland, ebenso wie seine Eltern
Bei den Mahlzeiten zuhause sitzen Fabians Eltern und er gemeinsam am Esstisch der Familie. Fabian sitzt in seinem Hochstuhl, seine Eltern auf Korbstühlen. Er sieht seine Eltern bei den Mahlzeiten mit Messer, Gabel und Löffel hantieren. Fabian bekommt auch eine Gabel und kann schon gut die Speisen aufspießen. Die Familie isst am Abend eine warme Mahlzeit. Fabian liebt besonders den Nachtisch, vor allen Dingen, wenn es Pudding gibt. In der Kinderkrippe hat Fabian keinen Hochstuhl, sondern sitzt auf einem kleinen Hocker mit anderen Kindern am Tisch. Genau wie zuhause benutzt er auch in der Krippe eine Gabel zum Essen. Beim Frühstück darf er sich dort sogar schon mit dem Messer Butter auf das Brot schmieren. Zuhause ist das Messer noch tabu.

Beispiel | Amit (2,7 Jahre), geboren in Deutschland, seine Eltern kommen aus einem kleinen Dorf in Indien
In Amits Familie wird traditionell indisches Essen von der Mutter zubereitet. Die Familie sitzt bei den Mahlzeiten auf dem Boden. Amit sieht, dass die Erwachsenen mit der rechten Hand essen. Auf gar keinen Fall darf die linke Hand benutzt werden. Seine Eltern haben ihm gezeigt, wie man es macht, dass die Handfläche beim Essen sauber bleibt. Es soll nur mit Daumen und den ersten beiden Fingern gegessen werden. Man muss dabei auch eine Drehbewegung machen. Das ist gar nicht so einfach. Aber Amit kann es schon recht gut.
In der Krippe sitzt Amit auf einem Hocker am Tisch. Wie die anderen Kinder hat er gelernt, sein Frühstücksbrot zu schmieren. Wenn er müde ist, findet er es manchmal anstrengend, auf dem Hocker zu sitzen. Seltsam findet er, dass man süße Speisen immer zuletzt essen muss, man darf nie mit dem Nachtisch beginnen. Zuhause gibt es oft Süßes zu Beginn der Mahlzeit und zum Abschluss Reis.

Die Unterschiede, die Amit erlebt, betreffen nahezu alle Bereiche der Mahlzeit: die Sitzposition, den Geschmack, den Geruch und die Konsistenz der Speisen, die Speisenabfolge, die Ess-Werkzeuge wie Besteck und Geschirr. Wohltuendes Essen bedeutet auch innerlich loszulassen, sich zu entspannen, eine Heimat in den Sinneseindrücken zu empfinden. Eine Hilfe ist dabei durchaus das noch junge Alter der Kinder. In unseren Beispielen erlernen sowohl Fabian als auch Amit den Umgang mit dem Messer in der Krippe. Amit macht somit nicht die Erfahrung, dass er den Besteckgebrauch noch gar nicht beherrscht, während alle anderen Kinder bereits selbstverständlich über diese Kulturtechnik verfügen. Er kann sich genauso freudig wie sein Freund Fabian auf das Abenteuer der „Messer-Entdeckung" einlassen.

Die pädagogischen Fachkräfte sollten Kinder, die einen großen Kontrast zum familiären Mahlzeiten-Skript erleben, dennoch sorgfältig in Bezug auf mögliche Stress-Symptome beobachten. Ein hungriges, angestrengtes oder müdes Kind greift vielleicht auf das vertraute Essen mit der Hand zurück, obwohl das Besteck griffbereit vor ihm liegt. Möglicherweise muss die pädagogische Fachkraft dann Reaktionen der anderen Kinder auffangen, die vielleicht „Baby, Baby!" kommentieren. Da in der Krippe das Spektrum der Ess-Kompetenzen noch groß ist und immer Kinder am Tisch sitzen, die die Hände beim Essen nutzen, gibt es hier allerdings meist weniger Konflikte als in der Arbeit mit älteren Kindern. Die pädagogische Fachkraft sollte dennoch ein solches Risiko kennen und angemessene Strategien in der Gesprächsführung mit den kleineren Kindern nutzen. Bei den älteren Kindern kann sie schon die geschickte und kompetente Handnutzung eines Kindes herausstellen. Es ist günstig, sich vor Augen zu führen, dass „schätzungsweise weltweit ca. 4,2 Milliarden Menschen mit den Fingern, 1,2 Milliarden mit Stäbchen und 900 Millionen mit Messer und Gabel (essen)" (Kölsch-Bunzen, Morys & Knoblauch 2015, S. 30).

3.6 Mit der Hand essen als spezifische Kulturfertigkeit

In allen Kulturen, die mit der Hand essen, steht die Regel der sauberen Hand im Mittelpunkt. Gegessen wird ausschließlich mit der rechten Hand, ebenso wird mit rechts gefüttert. Linkshändige Menschen werden systematisch zum Rechts-Essen trainiert. Abhängig vom Zugang zu bestimmten Lebensmitteln lassen sich Unterschiede im „Mit-der-Hand-essen" erkennen. Ist es im asiatischen Raum erforderlich, den Reis zu einem konsistenten „Ball" zu formen, mit dem zum Beispiel Gemüse und Sauce aufgenommen wird, finden sich im afrikanischen Raum Techniken, mithilfe derer auch dünnflüssige Nahrung mit einem weichem Fladen transportiert werden kann.

Welche Botschaft wird einem Kind vermittelt, das in seinem familiären Setting mit der Hand isst, wenn es in eine Ess-Kultur kommt, in der ganz selbstverständlich mit Besteck gegessen wird? Nicht nur die motorische Herausforderung, das Besteck „richtig" zu verwenden, gilt es zu erlernen, sondern auch, wie die Speise damit sicher zum Mund geführt werden kann. Mit dem „Werkzeug Besteck" verändern sich der Bezug zur Speise und ihre Wahrnehmung im Mundraum. Essen fühlt sich so ganz „anders" an. Bei der kulturbewussten Begleitung von Kindern bei den Mahlzeiten sind diese Herausforderungen sorgfältig zu beachten, besonders dann, wenn das Kind müde oder angeschlagen ist. Es stellt eine immense Anforderung an die Selbstregulation dar, in einem gestressten Zustand eine noch unvertraute Technik bei der Nahrungsaufnahme (gut) anwenden zu müssen. Kulturelle Responsivität kann sich hier in einem Antwortverhalten ausdrücken, das den Kindern ein Switchen zwischen den kulturellen Regeln der Mahlzeiten-Skripts, besonders in Anspannungssituationen, zubilligt. Auch hier ist es in der Regel so, dass Kinder durch den Kontrast zwischen Familie und Krippe und die deshalb auch sehr eindeutigen Skripts gut unterscheiden können, was wo gilt, und zwischen ihren beiden Welten wechseln können.

3.7 „Ankerlebensmittel" als kulturelle Brücke – besonders in der Eingewöhnung

Für Kleinkinder aus anderen Kulturkreisen ist es eine große Herausforderung, beim Start in den noch nicht vertrauten Alltag in einer Krippe bei den Mahlzeiten einer Vielzahl an unbekannten Speisen zu begegnen. Dies kann zu einer hohen Anspannung und Stress bei den Kindern führen. Was also tun, wenn

- dem Kind behutsam, aber doch erfolglos die verschiedenen Komponenten einer Mahlzeit angeboten worden sind?
- das Kind bei den vorangegangenen Mahlzeiten an einem Tag noch nichts oder sehr wenig gegessen hat?
- das Kind deutlich Hunger zeigt und die Sorge besteht, dass es deshalb nicht gut schlafen, sich nicht ausruhen kann?

Eine fremde Ess-Situation ist immer auch eine Stress-Situation für das Kind. Daher sollten im institutionellen Essensangebot sogenannte „Ankerlebensmittel" enthalten sein, auf die ein Kind bei Überforderung zurückgreifen kann (Methfessel, Höhn & Miltner-Jürgensen 2016). Das Kleinkind soll im responsiven Handeln der pädagogischen Fachkraft erleben: „Ich sehe, dass du Hunger hast. Und ich bemühe mich, dir etwas Geeignetes anzubieten, damit du dich hier wohlfühlen kannst." Die sich aufbauende Beziehung wird durch die responsive Beantwortung des elementaren Grundbedürfnisses nach Sicherheit gestützt.

Sich wohlfühlen resultiert auch aus positiv belegten Sinneswahrnehmungen. Das Schmecken und Riechen, die Sensorik einer Speise und auch ihr Anblick tragen emotionale Informationen. Der Anblick einer liebevoll präsentierten Speise, ihr Geruch und Geschmack können das Gefühl von Vertrautheit und Heimat auslösen. Über das Wohlfühl-Lebensmittel kann sich das Kind innerlich „ankern". Aus diesem Grund ist es Teil der kulturellen Responsivität, dass die pädagogischen Fachkräfte im vertrauensvollen Gespräch mit den Eltern ermitteln, welche Lebensmittel den Stellenwert von Ankerlebensmitteln für das Kind haben können (ebd.). Diese Lebensmittel hält die Kita dann für schwierige Momente bereit.

Anregungen | Ankerlebensmittel in der Kinderkrippe

- Zwieback
- Dinkelbrot
- Banane
- Griesbrei
- Apfel
- Feigen
- ...

Ankerlebensmittel werden nur dann neben dem Essen, das auf dem Speiseplan steht, gereicht, wenn deutlich wird, dass das Kind stark angespannt ist, Hunger hat und unter den angebotenen Speisen keine passende findet. Das Angebot von Ankerlebensmitteln bedeutet nicht, ein Parallelsystem in der Speisenversorgung anzubieten. Pädagogische Fachkräfte beantworten vielmehr auf der Basis eines profunden Fachwissens und einer sorgfältigen Einschätzung der Mahlzeiten-Situation, ob ein Ankerlebensmittel erforderlich ist oder nicht.

Hier ist ein Balance-Akt zu leisten, denn es besteht durchaus das Risiko, dass

- eine Dynamik entsteht, in der das Kind immer wieder zum Beispiel seinen Zwieback einfordert und sich nicht mehr auf das Essensangebot einlässt,
- andere Kinder dem Speisenangebot ausweichen und auch einen Zwieback für sich vehement einfordern – mit der Konsequenz, dass die pädagogische Fachkraft nicht nur ein Kind, sondern eine gesamte Gruppe im Sinne eines Spannungsabbaus „herunterregulieren" muss,
- das Bedürfnis nach emotionaler Sicherheit mit Nahrungsgabe beantwortet wird, sodass das Kind Schwierigkeiten hat, zwischen dem emotionalen Bedürfnis nach Sicherheit und dem physiologischen Bedürfnis Hunger zu unterscheiden.

Je nach Lebens- und Entwicklungslage des Kindes kann das Ankerlebensmittel auch nach längeren Aufenthalten im Herkunftsland, einem Besuch von Verwandten oder der Geburt eines Geschwisterkindes wieder neu erforderlich werden. Grundlage der pädagogischen Arbeit ist der responsive Austausch mit den Eltern: Jede Familie is(s)t anders!

4. Mahlzeiten: Entwicklung – Beziehung – Organisation

Die Entwicklungsaufgabe des Essen-und-Trinken-Lernens wird von Kindern in unterschiedlicher Weise bewältigt. So zeigen sich individuelle Muster und Verhaltensweisen und große Unterschiede im Tempo des Erwerbs. In der Kinderkrippe stellen Mahlzeiten eine Zeit für seelisch und körperlich „nährende Begegnungen" zwischen dem Baby oder Klein(st)kind mit der Bezugspädagogin dar und ermöglichen das Sammeln erster Erfahrungen in der kleinen Tischgemeinschaft mit anderen Kindern. Essen und Trinken sowie ein angemessenes Verhalten bei Mahlzeiten in verschiedenen Kontexten zu lernen, dauert mehrere Jahre. Erst im Grundschulalter sind alle wesentlichen Kompetenzen erworben.

4.1 Das Kind darin unterstützen, Hunger und Sättigung wahrzunehmen

Je jünger das Kind, umso schwieriger ist es, seine Signale eindeutig zu entschlüsseln. Die Ursachen für das Weinen oder Schreien eines Säuglings sind oft unklar: Hat das Kind tatsächlich Hunger oder Durst im Sinne eines physiologischen Bedürfnisses? Oder zeigt es mit seinem Weinen ganz andere Bedürfnisse an, wie zum Beispiel eine volle Windel, den Wunsch nach Nähe oder gar Schmerzen? Prinzipiell kann ein Kind mit Weinen und Schreien eine Vielzahl an Bedürfnissen ausdrücken, die je nach Ursache unterschiedliche Formen der Bedürfnisbefriedigung nach sich ziehen (Methfessel, Höhn & Miltner-Jürgensen 2016). Die meisten Bezugspersonen von kleinen Kindern geben an, dass sie den sogenannten Hungerschrei sehr gut erkennen würden. Studien konnten allerdings zeigen, dass sich Mütter und pädagogische Fachkräfte nicht nur am Klang des Schreis orientieren (Ramsay et al. 2010). Sie beziehen immer auch weitere Aspekte ein: Wie lange ist die letzte Mahlzeit her? Wie viel hat das Kind bei der letzten Mahlzeit gegessen oder getrunken? In der folgenden Tabelle sind typische Signale von Säuglingen zusammengefasst, die Hunger oder Sättigung anzeigen.

Hunger und Sättigungssignale von Säuglingen

Zeichen von Hunger	Zeichen von Sättigung
Das Kind schreit laut und weint	Das Kind stoppt mit dem Saugen und lässt den Fläschchensauger mit den Lippen los
Das Kind wendet sich zu	Das Kind wendet sich ab
Das Kind öffnet den Mund weit	Das Kind zeigt muskuläre Entspannung, wird schwerer im Arm
Das Kind zeigt Suchbewegungen mit dem Mund	Das Kind lächelt
Das Kind steckt sich die Faust in den Mund	Das Kind hat den Mund locker geschlossen
Das Kind leckt sich die Lippen, macht schmatzende Geräusche mit den Lippen, schmatzt an den Fingern	

Vielfach ist zu beobachten, dass Bezugspersonen auf das Weinen des Kindes relativ schematisch mit einem „Angebot an den Mund" antworten: Sie bieten etwas zu essen, zu trinken oder einen Schnuller an. Wenn Kinder in Spannungssituationen grundsätzlich zu essen bekommen, ist es schwierig für sie zu lernen, zwischen dem Bedürfnis nach Nahrung und dem Bedürfnis zum Beispiel nach emotionaler Zuwendung zu unterscheiden (Methfessel, Höhn & Miltner-Jürgensen 2016). Werden Signale für Hunger und Durst hingegen von den Bezugspersonen zu wenig beachtet, lernt das Kind möglicherweise, seine Körpersignale nicht ausreichend wahrzunehmen oder sie gar zu ignorieren (ebd.). Das Kind spürt sich zu wenig, isst möglicherweise weniger oder auch mehr als notwendig und angemessen wäre. Eine ungenügende, nicht passende Beantwortung seiner Bedürfnisse durch den Erwachsenen erschwert es dem Kind, gerade auch in Stress-Situationen seine Bedürfnisse

differenziert wahrzunehmen. Die Responsivität der Bezugsperson ist es, die dem Kind dabei hilft wahrzunehmen, wann es hungrig und wann es satt ist. Die Responsivität des Erwachsenen bezogen auf Hunger und Sättigung beim Kind gilt zudem als wichtiger Schutzfaktor vor Übergewicht (McNally et al. 2016). Eine zentrale Aufgabe der pädagogischen Fachkräfte bei der Begleitung von Mahlzeiten liegt somit darin, die Selbstwahrnehmung des Kindes bezogen auf Hunger und Sättigung bewusst und aktiv zu unterstützen.

Die auf die Mahlzeit bezogene Sprache der pädagogischen Fachkräfte

Wenn pädagogische Fachkräfte das Ziel haben, die Wahrnehmung von Hunger und Sättigung zu intensivieren, sollte ein Großteil der Kommentare bei der Mahlzeit auf körperliche Empfindungen ausgerichtet sein. Die Forschungsgruppe um Ramsay et al. (2010) konnte in einer Studie feststellen, dass pädagogische Fachkräfte durchaus unterschiedliche mahlzeitenbezogene sprachliche Kommentare abgeben – je nachdem, ob es sich um die Eingangsphase der Mahlzeit, die Mittelphase oder um die Schlussphase handelt. Nur rund ein Zehntel aller Kommentare der untersuchten Fachkräfte bezog sich dabei auf innere Körperempfindungen von Hunger und Sättigung. Im Folgenden sind die Charakteristika der drei Phasen aus der Studie von Ramsay et al. (2010) dargestellt, ergänzt mit eigenen Beispielen aus der Netzwerkarbeit.

Die Begleitung in der Eingangsphase der Mahlzeit

Die Kommentare der pädagogischen Fachkräfte in der Eingangsphase der Mahlzeit dienen in erster Linie dazu sicherzustellen, dass alle Kinder versorgt werden und von der angebotenen Nahrung bekommen (Ramsay et al. 2010). In manchen Krippen schöpfen die Fachkräfte das Essen auf den Teller und reichen den Kindern die Nahrung mit Kommentaren wie: „Hier ist deine Suppe, guten Appetit!" Dort, wo die Kinder selbst schöpfen, achten die Fachkräfte zum Beispiel darauf, dass sich alle Kinder bedienen: „Nimm dir auch von dem Püree!" Es werden viele Kommentare zur „richtigen Menge" gegeben, wenn sich die Kinder vom Essen nehmen: „Das ist jetzt aber genug!" „Zwei Löffel Nudeln, ein Löffel Sauce – so war es ausgemacht!" (siehe kritisch zu Essen und Autonomie Kapitel 4.3). Die wenigen Kommentare zu Hunger und Sättigung in dieser Phase beschränken sich meist auf: „Bist du hungrig?" „Bist du durstig?" (ebd.).

Die Begleitung in der mittleren Phase der Mahlzeit

Wenn alle Kinder versorgt sind, achten die pädagogischen Fachkräfte darauf, die Aufmerksamkeit und Konzentration der Kinder auf das Essen zu erhalten (ebd.). Freudvoll wirkt hier das Schmackhaft-Machen der Speise über einen Kommentar wie: „Hm, das schmeckt aber gut!" Die Fachkräfte wissen, dass für die Mahlzeit in der Institution nur eine bestimmte Zeit zur Verfügung steht. Es gibt vielleicht eine Küchenkraft, die auf das Geschirr wartet, oder die Pausengestaltung der Fachkräfte ist mit der Mahlzeiten-Zeit verknüpft. Rückmeldungen an das Kind im Stil von „Vor lauter Erzählen wird dein Essen ganz kalt!" haben vor diesem Hintergrund auch eine problematische Seite, da sie oft mit einem Antreiben zur Eile verbunden sind. Auch die durchaus wohlgemeinte Sorge um die unterschiedlichen Bedürfnisse in der Kindergruppe kann eine Atmosphäre von Eile und Hetze begünstigen, zum Beispiel, wenn einige Kinder schon erschöpft sind und zeitnah in den Schlaf begleitet werden sollen,

während andere noch munter und hungrig sind. Verschiedene Bedürfnisse in der Gruppe der Krippenkinder führen zu Dilemma-Situationen, die sich oft in einem ungeduldigen Handeln der pädagogischen Fachkräfte ausdrücken. Dies führt zuweilen zu einem scharfen Ton bei der Aufforderung, Nahrung zu sich zu nehmen: „Nun iss aber auch!" Häufiges Zur-Eile-Mahnen verhindert ein freudvolles Klima bei der Mahlzeit.

Ein weiteres Thema in der mittleren Phase ist auch das Probieren von Lebensmitteln: „Koste mal den Brokkoli!" „Wenigstens ein Löffel wird probiert!" (siehe hierzu kritisch Kapitel 6). Die Kinder erhalten in dieser Phase oft Informationen darüber, wie gut das Essen für sie ist: „Da sind ganz viele Vitamine drin!" Die Forschungsgruppe um Ramsay fand in dieser Phase vielfach das Drängen, ein bestimmtes Lebensmittel zu essen: „Aber wenigstens ein bisschen davon!" „Wenn du noch mehr von den Möhren willst, iss bitte erst einmal die Kartoffeln" „Nachtisch bekommt hier nur, wer auch alles aufgegessen hat!" (siehe hierzu kritisch Seite 79). In der Studie von Ramsay et al. (2010) bezogen sich in der mittleren Phase nur neun Prozent der mahlzeitenbezogenen Kommentare auf die Körperempfindungen rund um Hunger oder Sättigung.

Die Begleitung in der Schlussphase der Mahlzeit

Zum Ende der Mahlzeit – in der Schlussphase – gibt es viele Sorten an Nachfragen an die Kinder, ob noch ein Nachschlag gewünscht ist. Nur wenige Fachkräfte koppeln dies mit einer Aufmerksamkeitslenkung auf Hunger und Sättigung: „Bist du schon satt oder magst du doch noch was vom Nachtisch?" In dieser Phase werden Kinder auch oft überschwänglich für ihr Essverhalten gelobt: „Super, da hast du ja alles aufgegessen, ganz toll!" Lob gibt es häufig auch für den gut gereinigten Teller: „Der ist ja ganz sauber gegessen!" (zum problematischen Umgang mit Lob bezogen auf Essen siehe Seite 41). Das Zur-Eile-Mahnen ist meist in dieser Phase am größten. Die pädagogischen Fachkräfte leiten die Übergänge ein, die Aufmerksamkeit der Kinder wird auf die Orte gelenkt, an die sie sich begeben sollen: in den Waschraum, die Spielzone. Langsame Esser benötigen oft noch länger die Begleitung durch einen Erwachsenen am Tisch. Werden sie in der Zeit, wenn die „Schnell-Esser" bereits aufstehen, nicht achtsam begleitet, kann dies dazu führen, dass sie das Essen abbrechen und letztendlich zu wenig zu sich genommen haben!

Nicht alle beschriebenen Verhaltensweisen in den drei Phasen sind positiv und stärkend für das Kind; einige, wie der Probierzwang, spiegeln vielmehr eine Orientierung an Laienwissen. Aber welches Verhalten ist angemessen, wenn es explizit darum geht, das Kind in seiner Wahrnehmung von Hunger und Sättigung zu unterstützen?
Hier sind zwei Arten von Kommentaren der pädagogischen Fachkräfte zu unterscheiden (vgl. Ramsay et al. 2010):
1. Die Fachkräfte lenken die Aufmerksamkeit des Kindes gezielt auf die unterschiedlichen körperlichen Empfindungen und inneren Vorgänge bei Hunger und Sättigung. Diese Art von Kommentaren haben das Potenzial, dass das Kind kurz innehält, in sich hineinspürt und eine Art „Körper-Check" vornimmt.
2. Die Fachkräfte lenken die Aufmerksamkeit des Kindes nicht auf innere Vorgänge. Hunger und Sättigung werden somit nicht thematisiert, um die Selbstwahrnehmung des Kindes in diesem Bereich zu unterstützen.

Wenn es um das Ziel geht, die Wahrnehmung für Hunger und Sättigung zu erhöhen, sind Kommentare, die Körperempfindungen thematisieren, günstiger als solche, die das nicht tun, wie zum Beispiel: „Bist du fertig?" Einen Überblick über mögliche körperbezogene Beispiel-Aussagen zu Hunger und Sättigung gibt die folgende Auflistung.

Hunger und Sättigung systematisch thematisieren

- Bist du schon satt?
- Hast du Durst? Bist du durstig?
- Na, da war dein Mund wohl ganz trocken!
- Deine Haare sind ja ganz nass geschwitzt vom Spielen … hast du Durst?
- Hast du noch Hunger? Bist du noch hungrig?
- Fühl mal in deinen Bauch hinein, bist du satt?
- Streiche mal über deinen Bauch, so fühlt es sich an, wenn du gegessen und getrunken hast.
- Bist du noch hungrig: Möchtest du dir noch etwas zu essen nehmen?
- Wenn du noch durstig bist, nimm dir noch etwas von dem Wasser.

Kinder, die hoch irritabel sind und damit ein „schwieriges Temperament" haben, können Signale von Hunger und Sättigung oft weniger eindeutig kommunizieren und werden dann schwieriger „verstanden" oder missinterpretiert.
Bezugspersonen, die selbst übergewichtig sind – nachgewiesen durch einen hohen Body-Mass-Index (BMI) – neigen dazu, häufiger mit einem Nahrungsangebot zu reagieren. Sie

Das Kind zeigt an, dass es die Mahlzeit beenden möchte.

geben dem Kind zu essen, wenn es quengelig ist und weint. Pädagogische Fachkräfte sollten auch vor diesem Hintergrund nicht nur intuitiv, sondern reflektiert bei der Begleitung von Mahlzeiten handeln.

Neben dem Temperament des Kindes gibt es noch eine weitere große Herausforderung für die pädagogische Fachkraft in der Kinderkrippe: die Angst vieler Kinder vor unbekannten Lebensmitteln.

Ob ich das kenne? Ob ich das mag?

4.2 Angst vor unbekannten Lebensmitteln: Neophobie als typische Entwicklungsphase bei Kindern bis drei Jahre

Kleinkinder durchlaufen in der Ess-Entwicklung eine Phase, in der sie großes Misstrauen oder gar Angst vor unbekannten Lebensmitteln zeigen. Diese Angst wird Neophobie genannt. Neophobie existiert kulturübergreifend. Bei einem Teil der Kinder tritt sie bereits in der Übergangsphase von der flüssigen zur festen Kost auf. Viele Eltern, die Rat suchen, weil ihre Kinder ein extrem wählerisches Essverhalten an den Tag legen, geben diesen frühen Zeitpunkt als Beginn der Schwierigkeiten an. Tatsächlich nimmt die Ablehnung ab diesem Alter stetig zu. Mit 18 bis 24 Monaten ist sie bei der Mehrheit der Kinder am stärksten ausgeprägt (Methfessel, Höhn & Miltner-Jürgensen 2016). Im Alter von circa vier Jahren zeigt sich bei vielen Kindern ebenfalls eine stärkere Ablehnung. Fenster für die Akzeptanz neuer Speisen bzw. Konsistenzen werden derzeit für das Alter zwischen fünf und sechs Monaten und zwischen neun und zwölf Monaten diskutiert (von Frankenberg 2012). Pädagogische Fachkräfte in der Kinderkrippe begleiten somit kleine Kinder genau in dieser ganz regulär auftretenden neophobischen Phase. Sie haben den Auftrag, die Mahlzeiten angenehm zu gestalten und Kinder an eine breite Auswahl an Lebensmitteln heranzuführen, ohne Zwang oder gar Gewalt auszuüben.

Man geht bei der entwicklungsbedingten Neophobie von einem Schutzverhalten aus. Das Kind prüft bei jedem neuen Lebensmittel auf „Schluck oder Spuck" (ebd.) beziehungsweise auf essbar oder nicht essbar. Das Kind tritt damit in eine neue Phase in der Ess-Entwicklung ein: Es lernt, Lebensmittel auf Essbarkeit hin zu erkunden. Essen-Lernen geschieht durch ein angeborenes Programm, Beobachtung und Aktivierung von Spiegelneuronen. Eine entscheidende Bedeutung haben dabei die Menschen in der unmittelbaren Umgebung. Sie fungieren als Ess-Modelle, wenn sie für das Kind gut beobachtbar unterschiedliche Lebensmittel mit Genuss essen (Dunitz-Scheer et al. 2007). Die große Bedeutung des Ess-Modells betont auch Renz-Polster (2015):

> Kleine Kinder greifen bei Tisch in der Regel nach den Nahrungsmitteln, die sich die Mutter nimmt und isst. Es zeigt sich: Ein ein- bis vierjähriges Kind nimmt sich doppelt soviel, wenn ein freundlicher Erwachsener davon zuerst nimmt (ebd., S. 23).

Mit positiven Emotionen die Probierfreude entwickeln.

Weltweit war es für Menschen immer günstig, sich an dem zu orientieren, was die Sippe isst. Renz-Polster (2015, S. 26) betont, dass Kinder

- süße und fette, also energiedichte, sichere und gut sättigende Speisen als Überlebensnahrungsmittel bevorzugen,
- das essen, was sie kennen,
- sich vor bitteren Speisen hüten, denn diese könnten Giftstoffe enthalten,
- von neuen, unbekannten Speisen erst einmal sehr wenig nehmen,
- das essen, was die Familie auch isst,
- nichts essen, von dem sie sich schon einmal den Magen verdorben haben.

Für eine bedarfsgerechte Ernährung ist es erforderlich, die notwendige Akzeptanz für unterschiedliche Geschmacksrichtungen, Gerüche, Texturen, Temperaturen, Formen oder Farben von Lebensmitteln aufzubauen. Positive Emotionen sind dabei, weit mehr als Hunger, die leitende Kraft. In der Krippe wirken neben den Erwachsenen gerade neugierige und interessierte Kinder positiv auf die besonders wählerischen Esser. Eine positive Mahlzeiten-Gestaltung ist hier das A und O. Ein tiefes Vertrauen der pädagogischen Fachkraft in die wachsenden Fähigkeiten des Kindes wirkt sich günstig in der Fütter- und Ess-Beziehung aus.

4.3 Essen und Autonomie: Geteilte Verantwortung in der Fütter-/Ess-Beziehung

Viele mahlzeitenbezogene Kommentare von pädagogischen Fachkräften beziehen sich auf die Essmenge, die ein Kind zu sich nehmen sollte. Sowohl Eltern als auch Fachpersonen neigen gerade hier zu starker Kontrolle. Sie drängen Kinder zur erhöhten Nahrungsaufnahme oder beschränken die Nahrung, um Übergewicht zu vermeiden. Zur regulären Ess-Entwicklung gehört es, dass ein kleines Kind am einen Tag mehr trinkt oder isst, am anderen weniger. So können zum Beispiel Wachstumsschübe einen plötzlichen Mehrbedarf an Nahrung bewirken. Kinder unterscheiden sich deutlich voneinander in den aufgenommenen Mengen: Manche Kinder essen regelmäßig sehr viel, andere regelmäßig sehr wenig, wieder andere schwanken in der Menge je nach Tagesform. Alle Kinder haben von Geburt an auch eine individuelle Konstitution. Konflikte bei den Mahlzeiten zwischen Kindern und ihren Bezugspersonen entzünden sich oft im Spannungsfeld der wachsenden Autonomie-Entwicklung des Kindes und dem Kontrollbedürfnis der Erwachsenen. Druck und Zwang bei den Mahlzeiten können hier zu Störungen in der Fütter- und Ess-Beziehung zwischen Kind und Bezugsperson führen. Die auf Kinder mit wählerischem Essverhalten spezialisierten Autorinnen Rowell und McGlothlin (2015) problematisieren in diesem Zusammenhang zahlreiche weit verbreitete, den Druck erhöhende Verhaltensweisen gegenüber kleinen Kindern bei den Mahlzeiten. Dazu gehören zum Beispiel das überschwängliche Loben für das Aufessen oder das Auslösen von Schuld oder Schamgefühlen. In der Kita sind somit Kommentare wie die folgenden als ungünstig einzuschätzen: „Schau nur, alle anderen Kinder haben die Pizza gegessen!", „Komm, sei ein liebes Mädchen, iss es für mich!" oder „Du weißt doch, wie traurig die Mami immer ist, wenn ich ihr nachher sage, dass du wieder nichts gegessen hast!".

Eine besonders ausgeprägte Orientierung an „gesunder Ernährung" wird im therapeutischen Fachdiskurs als Risiko bei Schwierigkeiten und Störungen rund um Füttern und Essen diskutiert (Scheer & Dunitz-Scheer 2005). Hier denken Bezugspersonen oft mehr über Essmengen, Vitamine oder Schadstoffe nach als über die emotionalen Aspekte der Fütter- oder Ess-Beziehung. Als besonders kritisch gerade auch im institutionellen Kontext gilt das Ausüben von Zwang. Hier reicht das Spektrum von „sich den Nachtisch erst verdienen müssen"

(„Nachtisch gibt es erst, wenn du aufgegessen hast!") über „Du darfst erst aufstehen, wenn du alles aufgegessen hast!" bis hin zu absolut übergriffigen Verhaltensweisen. In der folgenden Tabelle sind responsive und problematische Verhaltensweisen gegenübergestellt.

Responsive und problematische Assistenz beim Füttern (nach Gutknecht 2015)

Responsiv	Problematisch
Die Bezugsperson zeigt dem Kind das Fläschchen mit der Milch.	Die Bezugsperson wartet mit dem gefüllten Löffel direkt vor dem Mund des Kindes darauf, dass der Mund erneut geöffnet wird.
Sie macht das Kind sprachlich auf das Fläschchen aufmerksam: „Schau nur, ich habe dir ein Fläschchen mit Milch gemacht! Du hast bestimmt Hunger, jetzt gibt es was!"	Sie berührt drängend den Mund des Kindes mit dem gefüllten Löffel.
Sie präsentiert das Essen deutlich sichtbar in einer einladenden Weise, Breikost zum Beispiel in einem Glas, sodass das Kind die Farbe wahrnehmen und die abnehmende Menge beim Füttern sehen kann.	Sie folgt mit dem gefüllten Löffel den abwehrenden/vermeidenden Kopfbewegungen des Kindes.
Sie präsentiert die Nahrung, ohne Druck auf das Kind auszuüben.	Sie trägt dem Kind, das nicht an der Nahrungsaufnahme interessiert ist, das Essen nach.
Sie nutzt Lautmalereien oder schmatzende Geräusche, um darzustellen, wie lecker das Essen ist: „Mmh, das schmeckt lecker!"	Sie wählt ein zu hohes Füttertempo, das dem Kind kaum Zeit zum Antizipieren lässt.
Sie fördert die selbstständige Nahrungsaufnahme durch die Einführung eines zweiten Löffels; das Kind kann eigene Fütterversuche machen, während sie weiterfüttert (Zwei-Löffel-Methode).	Sie lenkt das Kind mit Spielsachen ab, um es in einem Moment der Unaufmerksamkeit mit dem Einführen von Nahrung zu überlisten.

Löffelassistenz: Es ist ungünstig, wie hier zu sehen, die Hand des Kindes von oben zu führen. Die Assistenz sollte immer von unten gegeben werden, da dies ein höheres Ausmaß an Partizipation bedeutet. Das Kind behält so mehr Kontrolle über seine Bewegung.

Responsiv	Problematisch
Sie lässt dem Kind größtmögliche Bewegungsfreiheit, wenn sie ihm mit dem Löffel oder der Gabel Assistenz gibt. Sie assistiert vom Löffelende aus oder von unten (ihre Hand liegt nicht auf der des Kindes).	Sie fixiert das Kind, indem sie es auf dem Schoß einklemmt.
Sie macht dem Kind durch sprachliche und körpersprachliche Signale des „Raumgebens" deutlich, dass es Zeit hat, in Ruhe zu schmecken und zu schlucken.	Sie arbeitet mit Lätzchenfixierung: Dabei wird dem Kind ein Lätzchen umgebunden, der hängende Lätzchenstoff auf den Tisch gelegt und darauf ein Teller abgestellt. Das Kind ist nun in seiner Bewegungsfreiheit eingeschränkt, da bei einer falschen Bewegung der auf dem Lätzchen abgestellte Teller herunterfallen würde.
Sie öffnet beim Ess-Anfänger während der Füttermahlzeit selbst weit den Mund, wenn sie den Löffel zum Mund des Kindes führt und signalisiert damit fröhlich „Mund auf!".	Sie hebelt mit dem Löffel gewaltsam den zusammengekniffenen Mund des Kindes auseinander, um die Nahrungsaufnahme zu erzwingen. Ein solches Vorgehen ist nicht erlaubt!
Sie füttert von vorne, um spiegelnde Kommunikationsformen einsetzen zu können.	Sie greift in die Wangen des Kindes, um den Mund aufzuhebeln und Nahrung gewaltsam einzuflößen. Ein solches Vorgehen ist nicht erlaubt!
Sie kündigt an, benennt, was geschieht: „Ich schäle dir deinen Apfel!"	

Die Ernährungspsychologin Ellyn Satter (2000) hat ein Modell der geteilten Verantwortung bezogen auf Essen und Trinken entwickelt, das als sehr hilfreich einzuschätzen ist, um „Stress um Nahrungsmengen" und Konflikte am Esstisch abzubauen und positive Beziehungen am Esstisch zu unterstützten. Sie geht davon aus, dass Kinder von sich aus so viel essen, wie sie benötigen. In der Fütter- und Ess-Beziehung haben Kinder und Erwachsene aber an beiden Lebensorten unterschiedliche Verantwortungen. Wenn diese Verantwortungen beachtet werden, können Mahlzeiten deutlich entspannter begleitet werden. Im folgenden Kasten sind diese Aufgaben dargestellt.

Geteilte Verantwortung beim Essen-und-Trinken-Lernen (nach Satter 2000)

Aufgaben der Bezugspersonen

- Die Bezugspersonen bestimmen, was das Kind isst, wann es isst und wo es isst.
- Sie wählen die Lebensmittel aus und bestimmen die Qualität des Essens und seine Zusammenstellung.
- Sie entscheiden über das „Wie": Sie bereiten die Umgebung vor und bieten einen angemessenen Rahmen.
- Sie bereiten die Lebensmittel schmackhaft vor.
- Sie achten bei der Zubereitung auf Sensorik und Textur, abhängig von der Kompetenz und den Vorlieben des Kindes.
- Sie sorgen für eine angenehme Atmosphäre bei den Mahlzeiten.
- Sie sorgen für regelmäßige Mahlzeiten und Zwischenmahlzeiten.
- Sie bieten ein Modell für das Verhalten bei den Mahlzeiten.
- Sie nehmen Rücksicht darauf, dass viele Lebensmittel für das Kind noch fremd sind, ohne ihm nach Belieben eine Wunschkost anzubieten.

Aufgaben des Kindes

- Das Kind darf aus dem Angebot an Lebensmitteln und Getränken frei auswählen, es entscheidet, von was es isst.
- Das Kind entscheidet, wie viel es isst.
- Das Kind entscheidet, ob es isst.

Die Verantwortung für ein gesundheitsförderliches Ernährungsangebot liegt damit bei den Erwachsenen. Die Kinder können autonom und frei wählen – aber aus einem empfehlenswerten Angebot, das ihnen die Bezugspersonen zur Verfügung stellen. Die Abstimmung auf das Kind orientiert sich an seinem Entwicklungsstand.

Geteilte Verantwortung in der Begleitung von Säuglingen

Säuglinge werden nach Bedarf gefüttert. Es ist zunächst die Entscheidung der Mutter, ob sie ihr Kind stillen möchte oder ob es über die Flasche mit Milch versorgt wird. Wenn in der Krippe bereits Babys ab acht Wochen aufgenommen werden, so bekommen sie Muttermilch oder Formula-Nahrung aus dem Fläschchen. In stillfreundlichen Krippen finden Mütter einen gemütlichen Raum, einen Füttersessel und auch Stillkissen vor, damit eine angenehme Mahlzeiten-Situation hergestellt werden kann. Im geteilten Betreuungsfeld sind es sowohl die Eltern als auch die pädagogischen Fachkräfte, die das Baby darin unterstützen, einen Rhythmus zu entwickeln und die Körperwahrnehmung für Hunger und Sättigung aufzubauen. Sie achten auf die Signale des Kindes und beantworten diese prompt. Nicht der Rhythmus der Einrichtung, sondern der Rhythmus des Kindes „führt".

Geteilte Verantwortung in der Begleitung des Säuglings beim Übergang zur Kost in der Krippe/Familie

Der Übergang von der Milchnahrung zur festen Nahrung erfolgt in der Regel, wenn das Kind circa fünf bis sechs Monate alt ist. Ausschlaggebend sind dabei aber immer der Entwicklungsstand und die Bereitschaft des Kindes. Oft sind hier ein vorsichtiges Ausprobieren und das sorgfältige Lesen der Antwortsignale wichtig, um zu schauen, wie das Kind mit neuer Nahrung zurechtkommt. Dies gilt besonders, wenn sich die Konsistenz von breiig zu stückig, zu fest verändert und die Nahrung mehr Herausforderungen bietet. Die Eltern und die pädagogischen Fachkräfte in der Kinderkrippe entscheiden weiter darüber, was am jeweiligen Lebensort angeboten wird. Was sich in dieser Phase verändert, ist die Tatsache, dass Eltern zunehmend mehr die Verantwortung dafür übernehmen, wann gegessen wird, denn es pendeln sich langsam Zeiten ein, es entsteht ein Rhythmus. Die Signale des Kindes bleiben aber noch längere Zeit der eigentliche Hinweisgeber. Den „Suppentellerschlaf", weil das Kind noch nicht bis zur Mahlzeit durchhält, gilt es zu vermeiden. Hier könnte die Einführung von zwei Mahlzeiten-Zeiten Abhilfe schaffen.

Geteilte Verantwortung in der Begleitung des Kindes in der Tischgemeinschaft

Nach der Säuglingsphase wird die gemeinsame Mahlzeit in der Familie und in der Kinderkrippe zunehmend zum eigentlichen „Platz des Essens" (Methfessel, Höhn & Miltner-Jürgensen 2016, S. 52). Beim Übergang in die Kinderkrippe kann die sofortige Teilnahme an der kleinen Tischgemeinschaft allerdings noch schwierig und überfordernd sein. Auch dabei ist die Beobachtung der aktuellen Fähigkeiten des Kindes bedeutsam und nicht etwa das chronologische Alter oder die Orientierung an einem „Programm". Viele Kinder benötigen in der Eingewöhnung eine Zeit der Anpassung an die neue Situation und die Nähe zur Bezugspädagogin bei den Mahlzeiten. Hier bietet die Nutzung des Pikler-Essbänkchens oft ein gutes Übergangs-Setting. Mit 18 Monaten sind die meisten Kinder in der kleinen Tischgemeinschaft „angekommen".

Kinder nehmen jetzt bewusst wahr, dass Mahlzeiten an bestimmte Zeiten gebunden sind. Durch die sensible Führung seiner Bezugspersonen steigt die Regulationsfähigkeit des Kindes; es lernt zunehmend, sein Essbedürfnis an Zeiten und Strukturen anzupassen. Immer noch sind die pädagogischen Fachkräfte gefordert, den kindlichen Rhythmus und die kindliche Entwicklung als Signalgeber dafür zu nehmen, ob das Kind bis zur generellen Mittagessenszeit „durchhält" oder früher seine Mahlzeit bekommen muss, um gut versorgt zu sein.

Ab dem Kleinkindalter bleibt es für viele Jahre wichtig, dass die Bezugspersonen bei den Mahlzeiten Strukturen setzen und nicht etwa ein pausenloses „Grasen" der Kinder nach Lebensmitteln erlauben. Aufgabe der Struktur gebenden Erwachsenen ist es, die Hauptmahlzeiten und Zwischenmahlzeiten zu planen. Kinder lernen dabei auch, dass Bedürfnisaufschub zum Leben gehört. Es gehört zum Alltag, dass man auch einmal auf das Essen warten muss oder darauf, dass der Erwachsene Assistenz leistet, um ein Lebensmittel etwas kleiner zu schneiden. Das Kleinkind findet bei einer responsiven Begleitung durch die Bezugspersonen Möglichkeiten, sich zunehmend selbst zu regulieren und auch Wartezeiten in einem gewissen Rahmen zu überbrücken.

Mit zwei Ess-Zeiten lässt es sich organisieren, dass müde Kinder früher Mittagsschlaf machen können.

4.4. Die Bedeutung von Wahrnehmung und Bewegung in der Ess-Entwicklung

Wird Essen und Trinken aus der Perspektive der Entwicklung von Wahrnehmung und Bewegung betrachtet, so wird schnell deutlich, dass dafür enorme Koordinationsleistungen aufgebaut werden müssen. Saugen – Atmen – Schlucken, später das Abbeißen und das Kauen mit rotierenden Kieferbewegungen werden erst nach und nach gelernt. Zum Ergreifen von Nahrung mit der Hand benötigt das Kind eine entwickelte Hand-Auge-Koordination, auch erlernt es den Pinzetten- und Zangengriff. Offene Gefäße zu ergreifen und aus ihnen ohne Verschütten trinken zu lernen, aber auch die Ess-Werkzeuge zu handhaben, erfordern einige Zeit und Übung. Sicher und stabil sitzen zu können, ist eine wichtige Voraussetzung für die Bewegungen beim Essen und Trinken.

Flüssige Kost: Das Saugen

Das Saugen übt das Kind bereits im Mutterleib, sodass es schon gut vorbereitet ist, wenn nach der Geburt die Nahrungsaufnahme ansteht. Um die Ernährung am Lebensbeginn zu sichern, gibt es zahlreiche motorische Schutzreaktionen wie zum Beispiel die Saug-Schluck-Reaktion, die Such- oder Würg-Reaktion. Durch Lernen und Erfahrung, neurologische Reifung und sensorische Integration entwickelt das Kind eine immer bewusster einsetzbare Motorik, die ihm die Nahrungsaufnahme ermöglicht (von Frankenberg 2012). Dabei gewinnt das Kind immer mehr Kontrolle über seine Bewegung. Im Alter von fünf bis sechs Monaten ist der Säugling in der Regel bereit für breiige Nahrung. Er macht jetzt erste rotatorische Kaubewegungen. Die Ernährungspläne für Säuglinge sind an diesem Entwicklungsgang orientiert (FKE 2013).

Der Übergang von flüssiger zu fester Nahrung

Der Übergang von der flüssigen Milchnahrung zur festen Nahrung ist ein besonderer Einschnitt im Leben des kleinen Kindes. Die Kinder lernen dabei, mit unterschiedlichen Konsistenzen von Nahrung umzugehen. Das Essen wird nun plötzlich bunter, und auch die Temperaturen und Texturen der Speisen sind für das Kind unerwartet unterschiedlich. Die Begegnung mit Gerüchen und Geschmack bietet neue Wahrnehmungserfahrungen, was sehr herausfordernd für viele kleine Kinder ist. Ess-Schwierigkeiten und Fütter-Störungen haben in vielen Fällen an diesem Übergang ihren Anfang. Nahrung unterschiedlicher Konsistenz fühlt sich nicht nur ganz verschieden im Mund an, sie stellt auch unterschiedliche Anforderungen an die Koordination und Kraft der Muskulatur. Wird feste Nahrung angeboten, wenn Motorik und Wahrnehmung noch nicht entsprechend entwickelt sind, hustet das Kind, verschluckt sich, hat gar Erstickungsepisoden. Der Zeitpunkt des Zufütterns – in der Regel mit fünf bis sechs Monaten – wird viel zu oft ausschließlich am Alter des Kindes festgemacht.

Trink-Assistenz

Die Umstellung auf Beikost bedeutet für das Kind immer, dass sich seine Bewegungen, wie zum Beispiel Zungen-, Lippen- und Kieferbewegungen, neu anpassen müssen. Auch die neuen und unterschiedlichen Wahrnehmungseindrücke müssen erst einmal verarbeitet werden. Die Entwicklung führt über zunächst breiige Nahrung zur Nahrung mit Stückchen. Diese Stückchen fühlen sich ungewohnt an und werden oft zunächst mit der Zunge einfach wieder herauskatapultiert. Das kann unterschiedliche Gründe haben: Möglicherweise ist es noch zu früh zum Zufüttern, und der Zungenstreckreflex hat sich noch nicht zurückgebildet. Dann sollte mit der Nahrungsgabe noch etwas gewartet werden. Ein anderer Grund liegt darin, dass das Kind erst nach und nach akzeptiert, dass sich die Nahrung nicht mehr ganz „glatt" anfühlt. Auch wenden Kinder zunächst immer die vertrauten Bewegungsmuster an und stellen sich erst langsam auf ein neues um, das für die aktuelle Herausforderung besser geeignet ist. Wenn die Nahrung noch fester wird, werden die Bewegungsformen zum Abbeißen notwendig. Der erste Schritt ist, die Nahrung zwischen den Zähnen festzuhalten; erst später schafft es das Kind, auch durchzubeißen und dann zu kauen. Liebevolle Zuwendung und ein warmes Beziehungsklima in der Fütter-Interaktion lassen sich dabei nicht isoliert von den scheinbar rein funktionellen Thematiken betrachten (Gutknecht 2015). In der folgenden Tabelle sind grobe Richtwerte zu Alter und Nahrungskonsistenz angegeben, die für das jeweilige Kind immer sorgfältig zu prüfen sind.

Art der Nahrung in Abhängigkeit vom Entwicklungsalter des Kindes (nach Gutknecht 2015)

Entwicklungsalter	Nahrungsart
Ab Geburt	Brust- oder Flaschenernährung
Mit ca. 5–6 Monaten	Zufüttern von Breien oder Pürees
Mit ca. 8 Monaten	Getränke, Breie, Pürees, geriebene und zerdrückte Nahrung
Mit ca 12 Monaten	Getränke, grob gehackte Nahrung, leicht kaubare Fleischsorten
Mit ca 18 Monaten	Getränke, grob gehackte Nahrung, die meisten Fleischsorten, rohes Gemüse, Obst

Kauen und Schlucken als Sicherheitsthematik

Die meisten Kinder lernen ohne Probleme zu essen und zu trinken, abzubeißen, zu kauen und angemessene Mengen zu schlucken. Die koordinativen Fähigkeiten, um die Nahrung im Mund zu „managen", der Zeitpunkt des Zahndurchbruchs, aber auch Muskelkraft und Ausdauer beeinflussen, wie gut ein Kind mit dem Abbeißen, Kauen, Schlucken und Atmen zurechtkommt. Lebensmittel, die die aktuellen Kaufähigkeiten überfordern, führen dazu, dass sich die Kinder bei den Mahlzeiten verschlucken und oft husten (Edwards 2015). Chronisch kranke Kinder und Kinder mit Behinderungen mit Koordinationsproblemen beim Essen und Trinken haben ein erheblich höheres Risiko, dass es zu problematischen Situationen beim Essen kommt. Die Kinder beginnen dann als Folge sehr vorsichtig zwischen sicheren und unsicheren Lebensmitteln zu unterscheiden, was zu einseitigen Nahrungsvorlieben führen kann. Lebensmittel sind daraufhin zu beurteilen, wie schwierig sie für das Kind zu bewältigen sind. Wenn sich ein Kind verschluckt, kann es sein, dass das Lebensmittel noch zu hart ist. Hier kann überprüft werden, ob es ausreichend klein geschnitten worden ist.

Möglicherweise müssen zunächst weichere, leichter kaubare und damit „sichere" Lebensmittel angeboten werden. Speisen können unterschiedlich herausfordernd sein: Breite Lebensmittel sind schwieriger abzubeißen und zu kauen, längliche können eher in die Luftröhre geraten. Manches ist schwierig zu kauen, dabei können die Kaumuskeln ermüden. Überprüfen Sie mit einem Keks die Kaufähigkeiten: Kann das Kind einen Keks rechts, aber auch links abbeißen? Kann es auf der rechten und auf der linken Seite kauen? Im folgenden Kasten sind die Sicherheitsaspekte zusammgestellt.

Sichere Mahlzeiten für Ess-Anfänger (nach Edwards 2005; Gutknecht 2003)

- Eine ruhige, genussvolle, entspannte Atmosphäre während der Mahlzeiten unterstützt das Kind in seiner Aufmerksamkeit, seinen Bewegungen und in seiner Wahrnehmung von Speisen im Mund beim Ess- und Trinkvorgang.
- Eine sichere Sitzhaltung des Kindes ist wichtig: 90-Grad-Winkel in Knie- und Hüftgelenken, Kopf in mittiger Neutralstellung, Füße haben Bodenkontakt.
- Die Hände und Arme des Kindes haben die nötige Bewegungsfreiheit. Die Tischplatte darf daher nicht zu hoch für das Kind sein.
- Das Angebot der Speisen muss an die Kaufähigkeiten der Kinder angepasst sein; zu beachten sind daher Form, Größe, Breite und Konsistenz der Lebensmittel.
- Die pädagogische Fachkraft thematisiert und demonstriert als Ess-Modell, dass das Essen gründlich gekaut werden muss.
- Laute, hektische Mahlzeiten-Situationen erhöhen das Risiko, dass sich Kinder verschlucken.
- Eine responsive sprachliche Begleitung unterstützt die motorischen Abläufe beim Essen und Trinken:
  „Schau, nimm lieber einen kleinen Bissen!"
  „Schluck erst runter vor dem nächsten Biss."
- Rhythmisieren Sie das Trinken, indem Sie zum Trinkvorgang sprechen. Erläutern Sie zunächst: „Lieber langsam trinken!" Und sprechen Sie dann langsam zum trinkenden Kind:
  „Schluck für Schluck, Schluck für Schluck."

Das Drehbuch der Mahlzeit in der Krippe: Hier darf ich mir selbst schöpfen!

Pädagogische Fachkräfte in einer Kinderkrippe benötigen eine Schulung in ihren Bewegungs- und Berührungsmustern, wenn es zu ihren Aufgaben gehört, eine unterstützende Assistenz bei den Aktivitäten des Lebens zu geben. Die Berührungen und Bewegungen beim Füttern sollten bei allen Personen im Team so ähnlich wie möglich sein, damit sich die Kinder beim Essen und Trinken auf diesen Bewegungs- und Berührungsstil verlassen und sich an ihn anpassen können.

Der Übergang vom Gefüttert-Werden zum eigenständigen Essen

Ab dem Alter von circa acht bis neun Monaten (Morris & Klein 2000) fangen Kinder in der Regel an, Interesse am eigenständigen Essen zu entwickeln. Sie spielen genussvoll mit den Händen mit der Nahrung, greifen nach Löffel oder Becher und versuchen diese zum Mund zu führen, öffnen den Mund, wenn der Löffel mit dem Essen auf sie zukommt. Wird der Impuls zum selbstständigen Essen durch die Bezugspersonen unterdrückt, opponieren Kinder oft mit heftigen Wutanfällen (Gutknecht 2015). Ein Lebensmittel im wahrsten Sinne des Wortes zu begreifen, ist elementar für kleine Ess-Anfänger. Hier lässt sich etwas über dessen Beschaffenheit, die Haptik und die Temperatur erfahren. In Verbindung mit dem optischen Eindruck und über den Geruch macht sich das Kind ein (erweitertes) Bild, wie das Essen wohl schmecken wird. Im Alter von 12 bis 18 Monaten kaut das Kind schon mit rotierenden Mundbewegungen entsprechend zerkleinerte Nahrung. Mit 18 Monaten kann es neben dem nun voll entwickelten Kauen bewusst von harten Lebensmitteln abbeißen.

4.5 Vom Schoß bis in die Tischgemeinschaft: Das Kind in einem angenehmen Setting gut positionieren

Die achtsame Begleitung des Kindes in Bezug auf seine Bewegungsentwicklung liegt ganz wesentlich in einer sorgfältigen und guten Positionierung für die Mahlzeit: Wie sitzt das Kind? Die pädagogische Fachkraft benötigt einen geschulten Blick für gute und weniger gute Positionen. Betrachtet man Kinder vom Säuglingsalter an bis circa drei Jahren als „Ess-Anfänger", so lassen sich drei Phasen im Bereich der Positionierung unterscheiden, die unterschiedliche Formen der organisatorischen Planung in der Kinderkrippe und der responsiven Assistenz durch die Bezugspädagogin erfordern (Methfessel, Höhn & Miltner-Jürgensen 2016):

1. das Gefüttert-Werden des Kindes, das noch nicht frei sitzen kann, auf dem Schoß der Pädagogin
2. das Gefüttert-Werden im Übergang zum Selbst-Essen des Kindes , das frei sitzen kann
3. das Selbst-Essen des Kindes, verbunden mit der Teilhabe an einer kleinen Tischgemeinschaft mit anderen Kindern

Responsive Begegnungen beim Füttern auf dem Schoß

Säuglinge und Kleinkinder, die noch nicht selbstständig sitzen können, werden auf dem Schoß gefüttert. Dies ermöglicht ihnen eine regelmäßige Zeit der Nähe und Wärme in der Institution, denn in der Ganztagsbetreuung können es bis zu fünf Mahlzeiten sein, die das Kind erhält. Das Kind kommt in dieser Position mit neuen Nahrungskonsistenzen in Kontakt und lernt, begleitet von der Bezugspädagogin, neue Ess-Utensilien wie zum Beispiel offene Trinkgefäße kennen.

Das Schoßfüttern soll sicherstellen, dass das Kind in einen Zustand der Entspannung finden kann. Gerade die Befunde zur hohen Stressbelastung von Kindern in der institutionellen Betreuung machen deutlich, wie wichtig sorgsam gestaltete Zuwendungszeiten sind. Die vertraute Bezugspädagogin füttert den Säugling oder das Kleinkind, kennt dessen Zeichen von Hunger und Sattheit, die kleinen Pausen und die tiefen Blicke, den schwerer werdenden Körper, wenn das Kind satt ist und müde wird. Die Füße des Babys müssen beim

Bei den Mahlzeiten auf eine gute Positionierung des Kindes achten, insbesondere auf den Bodenkontakt der Füße.

Füttern gut gestützt sein, einen Gegenhalt haben. Babys werden so positioniert, dass sie die Möglichkeit haben, die Hände in der Mittellinie zusammenzuführen, um so das Fläschchen berühren oder greifen zu können. Auf keinen Fall dürfen Kinder zu früh in die Sitzposition auf einem Stuhl gebracht werden. Jede Form der Bewegungseinschränkung bedeutet auch eine Einschränkung an Partizipation. Die Qualität von Pflege wird aber gerade am Ausmaß der Beteiligung festgemacht, die dem Kind, das der Pflege bedarf, zugestanden wird. Es macht einen qualitativen Unterschied, ob das Kind wie ein Gegenstand behandelt wird oder eine Orientierung an seinen Signalen erkennbar ist. Das Angebot von Nahrung erfolgt immer responsiv auf das Signal durch das Kind, in keinem Fall bestimmt der Institutionsalltag, wann das Kind etwas zu essen bekommt.

Wenn pädagogische Fachkräfte das Fläschchen geben, sollten sie bequem, zum Beispiel in einem gemütlichen „Füttersessel", sitzen, die Füße durch einen Fußschemel gut abgestützt. Ebenso benötigen sie eine gute Entlastung ihrer Schultern durch Unterstützung der Arme mithilfe der Sessellehne. Die Mahlzeit findet geschützt „am Rande des Geschehens" im Krippenraum statt.
In Beratungssituationen in Kinderkrippen kommt es immer wieder vor, dass pädagogische Fachkräfte berichten, dass es Babys gibt, die das Füttern auf dem Schoß nicht mögen würden.

Beobachtung und Reflexion bei Ablehnung des Schoßfütterns

Der Blick auf das Kind

- Zeigt das Kind Zeichen von Anspannung der Muskulatur?
- Hält es den Kopf, Arme, Beine oder den Rücken angespannt?
- Findet das Kind auf dem Schoß sichtbar nicht in eine Entspannung?
- Schaut es sich viel um, zum Beispiel aufgrund von Reizen in der Umgebung?
- Zeigt es Abwehr durch Abwenden?
- Können die fehlende Entspannung und das offensichtliche Unwohlsein an der Positionierung selbst liegen? Haben die Füße einen Gegenhalt, ist der Kopf gut gestützt? Liegt das Kind bequem im Arm der Bezugspädagogin?

Der Blick auf die pädagogische Fachkraft

- Sind Anspannungssignale bei der pädagogischen Fachkraft in der Fütter-Situation zu erkennen?
- Sitzt sie bequem auf dem Füttersessel?
- Sind ihre Arme, ihr Rücken, ihre Beine in einem Zustand der Wohlspannung?
- Strahlt sie die nötige Ruhe aus?
- Ist ihr die nahe Begegnung mit dem Kind in der Fütter-Situtation angenehm?
- Ist sie in ihren Bewegungen und Berührungen gut auf das Kind abgestimmt?
- Bietet sie dem Kind verbale und nonverbale Hilfen an?
- Welche Botschaften sendet ihr Körper?
- Wird sie durch Umgebungsreize immer wieder abgelenkt und steigt aus der nahen Kommunikation mit dem Kind aus?

Der Blick auf die Eltern

- Wie füttern die Eltern ihr Kind zuhause bei den verschiedenen Mahlzeiten?
- Welches Fütter-Skript ist das Kind bei den unterschiedlichen Mahlzeiten nach Aussage der Eltern gewohnt?
- Zeigt das Kind zuhause Anspannung bei den Mahlzeiten?
- Zeigt das Kind zuhause in nahen Berührungs- und Bewegungssituationen Anspannung?

Die institutionelle Realität in Deutschland ist in Bezug auf die Fachkraft-Kind-Relation immer noch so kritisch, dass Säuglinge und Kleinkinder in der Regel eher zu wenig als zu viel Zuwendungszeiten im Alltag der Kitas erleben. Von daher sollte die Entscheidung für distanzierte Gestaltungsformen der Pflegesituationen – auch vor dem Hintergrund der Ergebnisse

der Stressforschung im Bereich der Krippenpädagogik – sehr genau abgewogen werden.
In Gesprächen mit den Eltern können Merkmale des Vertrauten und des Unvertrauten am Mahlzeiten-Skript der Einrichtung thematisert werden. Das Ziel muss es sein, herauszufinden, wie die pädagogischen Fachkräfte eine angenehme Situation in der Füttermahlzeit mit dem Kind herstellen können. Ein Zwang zum Schoßfüttern, bei dem das Kind offenkundig Anspannung zeigt, ist dabei sicher nicht zielführend. Es kann durchaus sein, dass das Ergebnis einer genauen Beobachtung zeigt, dass die Fütter-Beziehung zwischen Kind und pädagogischer Fachkraft angespannt ist. Hier kann das Füttern in einer anderen Position, zum Beispiel in einer auf dem Kinderstuhl angebrachten Sitzschale (kein Autositz!), als Alternative erwogen werden, wenn das Kind hier mehr Entspannungszeichen zeigt. Ein Wechsel der Bezugspädagogin ist ebenfalls in manchen Fällen angezeigt. Eine sorgfältige Schulung der pädagogischen Fachkräfte in der Körperwahrnehmung sowie Berührungs- und Bewegungsinteraktion muss für körpernahe Tätigkeiten eine Voraussetzung sein.

Den Übergang vom Schoß auf den (Hoch-) Stuhl oder ins Pikler-Essbänkchen responsiv begleiten

Mit der Fähigkeit des freien Sitzens und der seelischen Bereitschaft dazu wird der Wechsel vom Schoßfüttern auf den Hochstuhl, den Stuhl oder in das „Pikler-Essbänkchen" (siehe Foto) vollzogen. Es ist ein erheblicher Schritt für das Kind, den Schoß der Bezugspädagogin aufzugeben. Manche Kinder wechseln problemlos und sind stolz in der neuen Fütterposition, andere zeigen deutlich an, dass sie noch nicht so weit sind. Hier sollte abgewartet, eventuell sogar wieder einen Schritt zurückgegangen werden (Vincze 2014). Erst nach genauer Beobachtung und Wahrnehmung entsprechender Signale kann später erneut ein Versuch unternommen werden.

Die vorbereiteten Pikler-Essbänkchen

Beim Sitzen ist es nun – unabhängig, ob auf Stuhl, Hochstuhl oder im Essbänkchen – sehr wichtig, dass die Füße des Kindes guten Bodenkontakt haben. Hochstühle, die keine Platte zum Fußabstellen in der korrekten Höhe haben, sind ungeeignet! Baumelnde Beine erschweren es, dass die motorischen Funktionen und die notwendige Stabilität für das Sitzen, Essen und Trinken aufgebaut werden können. Mangelnde Stabilität durch fehlenden Bodenkontakt bedeutet, dass die Kinder mit dem Gleichgewicht-Halten so beschäftigt sind, dass das freie Greifen, das Hantieren mit dem Löffel oder auch die rotierenden Kaubewegungen schwieriger ausgeführt werden können. Auch zum Kommunizieren bleiben weniger Ressourcen. Wenn das Kind sich zu sehr auf die Balance konzentrieren muss, ist immer auch die Muskulatur angespannt. Das Kleinkind braucht beim Abbeißen und Kauen von Nahrung erhöhte Stabilität, die Kraft dafür kommt nicht nur aus dem Kiefer, sondern von der gesamten Körperspannung über Füße, Sitzfläche, Wirbelsäule, Schultern. Diese Stabilität ist eine wichtige Voraussetzung für eine freudvolle Teilhabe an der Mahlzeit. Wenn die Haltung des Kindes beim Sitzen nicht aufrecht und gut ausbalanciert ist, steigt das Risiko, dass es sich verschluckt, oft husten muss oder gar Erstickungsanfälle bekommt, da die motorischen Abläufe nur ungenügend koordiniert werden können. Für ein sicheres Schlucken muss das Kind seinen Kopf aufrecht in Mittelposition halten können. Eine instabile Haltung ist für Ess-Anfänger gefährlich!

Vorzüge des Pikler-Essbänkchens

Manche Eltern sind irritiert, wenn sie ihr Kind in der Krippe im Essbänkchen seine Mahlzeiten einnehmen sehen. Trotz der Begleitung des Kindes durch seine Bezugspädagogin erscheint ihnen diese Form des Essens als befremdlich: Warum sitzt mein Kind hier isoliert und nicht mit den anderen zusammen?

Für viele Kleinkinder ist das Essbänkchen eine wichtige Zwischenstufe im Übergang vom Schoßfüttern hin zur kleinen Tischgemeinschaft (Pikler & Tardos 2014). Das Kind hat hier noch eine große Nähe zu der Assistenz gebenden Bezugspädagogin. Wenn ein Kind die Situation im Essbänkchen gut meistert, wird oft dazu übergegangen, dass eine Pädagogin zwei Kinder, die in ihrem Essbänkchen sitzen, begleitet (siehe Foto). Das Essbänkchen ermöglicht dem Kind eine motorische Unterstützung durch die Stabilität, die es durch die feste Bodenplatte gibt. Es kann nicht umkippen, wenn das Kind plötzliche freudvolle Bewegungen macht. Die spezielle Form des Essbänkchens ermöglicht Begrenzungserfahrungen, die Sicherheit vermitteln.

Als Alternative zum Essbänkchen werden in manchen Krippen Sitzplätze in Nischen genutzt. Diese ermöglichen dem Kind zwar ebenfalls eine Begrenzungserfahrung, es ist aber meist nicht in gleichem Maße die nahe

Zwei Kinder im Pikler-Essbänkchen: Das eine Kind ist bereits versorgt, das andere blickt erwartungsvoll auf den herannahenden Teller.

Assistenz durch die Bezugspädagogin sichergestellt. In vielen Krippen dient das Essbänkchen den Kindern auch als Rückzugsort und „Leuchtturm im Alltag" (Höhn 2010).

Stressreduzierende Begleitung der Kinder in der kleinen Tischgemeinschaft

Die Gestaltung von Mahlzeiten in einer Kinderkrippe ist verbunden mit einem gelingenden Ineinandergreifen von Beziehungs- und Organisationsaspekten. Die Aufgabenverteilung unter den pädagogischen Fachkräften muss daher klar festgelegt sein. Eine fest zugeordnete Pädagogin – nicht etwa wechselnde Praktikantinnen – begleitet die Kindergruppe in der kleinen Tischgemeinschaft (Gutknecht 2015). Assistenzaufgaben am Bildungsort Mahlzeit sind ernst zu nehmende Arbeitszeit (Höhn 2014). Die Mahlzeiten müssen aus diesem Grund im Sinne einer vorbereiteten Umgebung genau geplant werden. Für einen stressreduzierten Ablauf gilt es, jede Art von Unterbrechung im Sinne eines „Aus-dem-Kontakt-gehen" zu vermeiden. Wer Kinder beim Essen in der kleinen Tischgemeinschaft begleitet, kann weder für den Telefondienst noch bei der Abholung zur Verfügung stehen (Höhn & Lutz 2013).

Die Zusammenarbeit der beiden Hände zu erlernen, ist eine Herausforderung. Viele Kinder gießen zunächst ohne Unterstützung der zweiten Hand. Hier nutzt das Kind die zweite Hand bereits zum Fixieren des Glases. Die Finger greifen dafür in das Glas hinein. Der nächste Schritt besteht darin, dass das Kind das Glas von außen umfasst, während es gießt.

Die Mahlzeit muss so gut vorbereitet sein, dass alle Gründe entfallen, die ein Aufspringen der pädagogischen Fachkraft notwendig machen. Sie ist vielmehr wie „ein Fels in der Brandung" und bleibt im Blickkontaktbereich der Kinder. Die Fachkraft sitzt während der Mahlzeit auf einem höhenverstellbaren Hocker auf Rollen, um beweglich agieren zu können. Alles, was sie benötigt, ist auf einem „Assistenztisch" hergerichtet (Höhn 2014), einschließlich der Reinigungsutensilien, wenn mal ein Glas umgestoßen oder Suppe verschüttet wird.

Auch dem „Aufspringen von Kindern" sollte pädagogisch entgegengewirkt werden, da das viel Unruhe an den Tisch bringt. Es muss analysiert werden, warum die Kinder aufstehen. Oft wollen sie lediglich schauen, was sich in den Schüsseln befindet. Konsequent durchsichtige Ess-Utensilien sind daher günstig, um diese Quelle von Unruhe zu vermeiden. Transparente Ess-Utensilien erleichtern auch zu beobachten, wie sich die Schüssel leert, das Getränk auf einen zukommt (Bostelmann & Fink 2014). Die Kinder müssen alles zum Essen Notwendige am Platz vorfinden: Aus kleinen Glaskrügen können sich die Ess-Anfänger schon selbst eingießen und auch nachnehmen. Saucieren und kleine Schalen stehen auf dem Tisch. In der Krippe werden viele Ess-Utensilien verwendet, die sehr kleine Ausmaße haben; so kann das Kind besser hantieren und die Ess- und Trinkmengen überschauen.

4.5.1 Die Selbstregulation am Bildungsort Mahlzeit unterstützen

Die Arbeit der pädagogischen Fachkräfte am Bildungsort Mahlzeit sollte sich deutlich daran ausrichten, die Selbstregulation der Kinder in der kleinen Tischgemeinschaft zu stärken. Kindergruppen haben hier ihre eigene Chemie. So klappt es möglicherweise für eine lange Zeit wunderbar in der Gruppe, dass sich die Kleinkinder ihren Sitzplatz frei wählen oder sich selbst schöpfen. Doch verändert sich die Gruppenzusammensetzung, zum Beispiel, wenn Kinder die Gruppe verlassen, neue hinzukommen, kann eine Neuabstimmung zwingend erforderlich werden. Die pädagogische Fachkraft entscheidet über die Frage, ob viele oder eher wenige Regulationshilfen in der aktuellen Gruppenkonstellation notwendig sind. Ein Setting mit vielen Regulationshilfen ist zunächst dadurch gekennzeichnet, dass jedes Kind seinen festen Platz in der Tischgemeinschaft hat und somit genau weiß, wo es bei jeder Mahlzeit sitzt. Zusätzliche Regulationshilfen sind taktile oder visuelle Markierungen des Sitzplatzes durch ein Foto des Kindes oder ein bestimmtes Motiv. Tischsets markieren visuell und taktil, wie viel Platz jedem Kind auf dem Tisch zur Verfügung steht. Doch können Regulationshilfen auch unerwünschte Nebenwirkungen haben. Ein mit einem Foto ausgestatteter Stuhl „gehört" für die Kinder der Gruppe dann auch diesem Kind, und es kann Unruhe entstehen, wenn er für andere Zwecke gebraucht wird.

Zur Regulation gehört auch folgender Aspekt: Alle Bewegungen und Berührungen der pädagogischen Fachkraft sollten achtsam und dosiert sein. Es darf keine Eile oder Hektik über den Körper kommuniziert werden. Ein hartes Aufsetzen von Tellern, Gläsern und Schüsseln erhöht den Stresspegel bei für auditive Reize empfindlichen Kindern und Erwachsenen (Gutknecht 2015).

4.5.2 Vom Spielen zum Essen und zurück: Übergänge responsiv gestalten

Die qualitätsvolle Gestaltung von Übergängen im Tagesablauf spielt in der Krippenpädagogik eine große Rolle. Durch den hohen Assistenzbedarf der Kinder werden bis zu 50 Prozent der Zeit in kleinen Übergängen – den Mikrotransitionen – verbracht (Gutknecht 2015). Bezogen auf die Mahlzeiten gibt es eine Reihe an Übergängen, die zu bewältigen sind, und die das Kind erst nach und nach überblickt. Dabei hilft ihm eine gute Strukturierung durch die pädagogischen Fachkräfte:

Beim Frühstück und beim Mittagessen, ebenso bei allen Snacks zwischendurch muss das Kind den Übergang zum Tisch und wieder von ihm weg bewältigen. Damit verbunden sind zahlreiche Handlungen wie Aufräumen, Händewaschen, Mithelfen, seinen Platz am Tisch einnehmen. Es ist Aufgabe der pädagogischen Fachkraft, die Zwischenschritte für die Kinder sichtbar zu machen, sodass sie nachvollzogen werden können. Sie nimmt dafür drei Zeitabschnitte in den Blick: die Zeit vor dem Übergang, die Zeit während des Übergangs und die Zeit nach dem Übergang.

Wenn sich die Kinder vor dem Essen in einer Spielphase befinden, benötigen sie meist ein klares Signal für das nahende Ende. Manchen Kindern fällt es sehr schwer, ihr Spiel zu beenden. Sie können dann leicht außer sich geraten, weinen und schreien. Die pädagogische Fachkraft muss das Kind begleiten und dafür Sorge tragen, dass es wieder in einen selbst regulierten Zustand zurückfindet. Die meisten Kinder brauchen eine Ankündigung, um sich innerlich auf Situationsveränderungen einstellen zu können. Ein Ritual kann dazu beitragen, dass die Kinder zunehmend den klaren Ablauf der kommenden Situation vor Augen haben: „Ich muss zum Ende kommen; gleich werden wir zum Händewaschen in den Waschraum gehen, und dann gibt es Mittagessen."

Als besonders anspruchsvoll in der Begleitung werden die Übergänge mittags vom Spielen über das Essen bis hin zum Schlafen eingeschätzt. Manchmal fällt auf, dass Kinder kaum bis zum Mittagessen durchhalten und bereits am Tisch fast einschlafen. Hier sollte der Tagesablauf entsprechend neu angepasst werden. Jüngere Kinder könnten dann deutlich früher essen, zum Beispiel schon um 11 Uhr, während die anderen Kinder später um 12 oder um 12:30 Uhr essen.

Bei der Überlegung, zwei Mahlzeiten anzubieten, wird oft mit der Lebensmittelhygieneverordnung argumentiert. So dürfen Speisen für

Kleinkinder nur eine kurze Standzeit haben (die Zeit zwischen dem Schöpfen der Speisen in die Transportbehälter und dem Ausgeben an die Kinder). Um an der Situation der Kinder ausgerichtet zu zwei Zeiten eine warme Mahlzeiten anbieten zu können, ist eine entsprechende Ausstattung der Küche vor Ort erforderlich. Günstig ist hier der Betrieb einer Frischkoch- oder einer „Regenerationsküche". Durch den Einsatz von gekühlten oder tiefgekühlten Nahrungskomponenten (cook+chill- bzw. cook+freeze-Verfahren), die durch qualifizierte Caterer unter Beachtung der Standards der Deutschen Gesellschaft für Ernährung erstellt und in der Krippe bedarfsgerecht regeneriert werden, wird eine hochwertige, frisch zubereitete Kleinkinderernährung umgesetzt. Regenerieren bedeutet, dass ein zu 85% vorgefertigtes Essen fertig gekocht wird – es wird also weder frisch gekocht noch erwärmt. Zu lange Standzeiten, verkochtes Essen und der Verlust an wichtigen Nährstoffen werden vermieden. Nicht die Kinder richten sich nach der Organisation des Caterers, sondern die Mahlzeiten-Organisation mit hochwertigen Nahrungskomponenten richtet sich an den Grundbedürfnissen der Kinder aus – wesentlich eine Aufgabe des Trägers.

Kinder sind nach dem Essen unterschiedlich munter: Während einige bei der Mahlzeit interessante und anregende Lernerfahrungen mit dem Essen oder ihren Tischnachbarn gemacht haben, sind andere sehr müde (Kramer & Gutknecht 2016). Das Erleben von Essen und Genuss oder aber Ekel und Ablehnung beeinflusst das kindliche Erregungsniveau (ebd.). Ein zufriedenes, gut gesättigtes Kind erlebt oft eine Entspannung. Gerade nach dem Mittagessen wird es wahrscheinlich leichter zur Ruhe kommen als ein Kind, das das Essen abgelehnt hat. Die pädagogischen Fachkräfte müssen stark steuern, um gute Abläufe in der Kinderkrippe in der Übergangssituation zu etablieren. Ein Beispiel-Ablauf am Mittag zeigt, wie viele Schritte hier von den Kindern zu erfassen sind:

- Kinder, die fertig sind, verlassen den Tisch.
- Wenn die Kinder mithelfen – das sollte freiwillig sein –, räumen sie ihre Teller auf den Essenswagen.
- Sie füllen die Speisereste in den Behälter mit dem Speisemüll.
- Sie waschen sich den Mund und die Hände mit einem Lappen vor dem Spiegel.
- Sie gehen zurück in den vorbereiteten Spielbereich, wo sie Alltagsgegenstände vorfinden, die eine eigenständige Beschäftigung ermöglichen.
- Oder sie gehen zu einem sogenannten „Ankerplatz"; dort wartet eine weitere Fachkraft und assistiert beim An- und Ausziehen für die Schlafenszeit.

4.6 Mitessen – ja oder nein? Die Bedeutung des Ess-Modells

In vielen Kinderkrippen in Deutschland essen die pädagogischen Fachkräfte auch selbst mit, während sie gleichzeitig den Kindern assistieren (Gutknecht 2015). Sie bieten den Kindern in ihrer grundsätzlichen Haltung zum Essen, zum Probieren, dem Verhalten bei Tisch ein wertvolles Modell. Dabei kommt es allerdings häufig zu erhöhtem Stress bei den Fachkräften, da sie zwischen eigener Nahrungsaufnahme und den noch hohen Assistenzaufgaben beim kleinen Kind pendeln müssen. Aus diesem Grund wird eine klare Trennung von Assistenz bei der Mahlzeit und eigener, sättigender Nahrungsaufnahme im Sinne einer vollwertigen Mahlzeit in der Betreuung von Kindern bis drei Jahren empfohlen (Höhn 2014). Das freudvolle Mitessen sollte hier in Form des sogenannten „pädagogischen Happens" geschehen. Die Ess-Begleitung ist Arbeitszeit und in erster Linie eine Zeit der Interaktion mit den Kindern und nicht der eigenen Versorgung (ebd.).

Unter Verweis auf die evolutionäre Forschung und die Forschung zu den Spiegelneuronen wird gerade aus dem therapeutischen Kontext bei Kindern mit Fütter- oder Ess-Störungen (siehe Kapitel 5) betont, wie elementar wichtig das Modell eines Essenden für das Essen-Lernen des Kindes ist (Dunitz-Scheer et al. 2007). Ess-Modelle bieten in der Krippe naürlich auch die anderen Kinder. Hier besteht ein ernstes Dilemma.

Pädagogische Fachkräfte üben eine emotional anstrengende und „sozial verbrauchende" Tätigkeit aus. Sie benötigen von daher Zeiten, in denen sie sich regulär stärken und erholen können. Angespannte, erschöpfte Fachkräfte können sich sonst nicht genügend auf kleine Kinder abstimmen (Gutknecht 2015). Die Erfahrungen aus der Praxis zeigen auch, dass hungrige Fachkräfte in der Ess-Begleitung ungeduldiger sind. Demnach empfiehlt es sich, dass die Fachkräfte vor der Mahlzeiten-Begleitung ihre ihnen arbeitsrechtlich zustehende Pause haben und dann selbst gestärkt in die Mahlzeiten-Begleitung gehen können.

Wenn möglich, sollte die Fachkraft aus pädagogischen Gründen also mitessen, um ein Vorbild zu bieten – aber eben nur eine Kleinigkeit, den bereits erwähnten pädagogischen Happen. Es sollte nie dogmatisch mit diesem Aspekt umgegangen werden.

Sowohl bei der einen Variante – klare Pause, kein Ess-Modell, da noch hoher Assistenzbedarf bei den Kindern besteht – als auch bei der anderen Variante – Fachkräfte essen einen pädagogischer Happen – müssen Pausen im Dienstplan ausgewiesen sein, in denen regulär gegessen werden kann. Gerade in Bezug auf das Ess-Modell greifen Kita-Organisation, die Bedürfnisse der Erwachsenen und der Kinder ineinander (Gutknecht 2015). Responsivität zeigt sich in einer sorgfältigen Analyse zum erforderlichen Umfang des Modellverhaltens. Wenn Kinder ein umfassenderes Modell mit mehr Zuwendung und Begleitung benötigen, ist im Team mit Leitung und Träger abzustimmen, wie dieser Mehrbedarf berücksichtigt werden kann. Erwartbar ist dies bei allen Kindern mit Schwierigkeiten bei der Nahrungsaufnahme. Bei der Debatte um Inklusion wird gerade an dieser Stelle meist nicht berücksichtigt, dass bei Kindern mit Behinderungen der Assistenzbedarf bei den Mahlzeiten erheblich höher liegt. 20 Prozent der Kinder mit typischem Entwicklungsverlauf und 33 bis 80 Prozent der Kinder mit Entwicklungsverzögerungen sind von Schwierigkeiten bei der Nahrungsaufnahme betroffen (Southall & Martin 2011; Bruns & Thompson 2012; siehe dazu Kapitel 5).

Die Kinder sind auch füreinander Ess-Modelle.

Für das Kleinkind auf dem Hochstuhl oder im Essbänkchen und auch später für das schon größere Kind in der Tischgemeinschaft bleibt die Mahlzeit eine wichtige Beziehungszeit. Sobald das Kind frei sitzen kann, beginnt es mit den Gegenständen am Tisch zu hantieren. Die Ess-Werkzeuge wie der Löffel und die Ess-Utensilien wie Teller, Schüssel und Krug kommen ins Spiel, und die Pädagogin begleitet in ermutigender Weise das selbstständige Greifen, Schöpfen, Löffeln, Gießen.

Füttern mit der Zwei-Löffel-Methode

4.7 Vom Löffel bis zur Schüssel: Das Ess-Equipment didaktisch betrachtet

Geschirr und Besteck, das bei den Mahlzeiten verwendet wird, gehört zu den ersten Werkzeugen, die ein Kind gebraucht. Daher ist es umso überraschender, dass in vielen Kitas und Krippen kaum darüber nachgedacht wird, welches Werkzeug die Kinder beim Essen verwenden sollen und wie es einzuführen ist. Wenn das Werkzeug der motorischen und sensorischen Entwicklung angepasst ist, findet das Kind in ein freudvolles Hantieren bei der Mahlzeit. Ist das Kind an einem Entwicklungsübergang und beginnt neben dem Löffel auch die Gabel zu benutzen, sollte die Gabel bereitliegen, aber jederzeit die Möglichkeit bestehen, zum Löffel zurückzukehren (Bostelmann & Fink 2014). Die Kinder wechseln noch einige Zeit zwischen den vertrauten und den neuen Werkzeugen. Sorgfältig an der Entwicklung des Kindes orientiert, entscheidet die pädagogische Fachkraft, wann und wie sie zum Beispiel die Gabel oder das Messer einführt.

Die Produktauswahl sollte auf die Entwicklung und die Kompetenzen des Kindes bezogen sein. Größe und Eigenschaften des Materials, insbesondere das Eigengewicht, sind zu bedenken. Ein einziger Typus von Geschirr und Besteck kann dabei nicht die ganze Gruppe „bedienen". Aus diesem Grund sind pädagogische und therapeutische Fachkräfte, Hauswirtschaft, Leitung und Träger zu einem Dialog aufgefordert, in den sie ihre Erfahrungen aus den unterschiedlichen Perspektiven einbringen, um einen Konsens über die Ausstattung herzustellen.

Aus offenen Gefäßen trinken lernen

Der Zeitpunkt, wann kleinen Kindern ein Becher oder Glas angeboten werden sollte, ist von Kind zu Kind unterschiedlich. Typischerweise wird oft mit sechs Monaten dieser Übergang versucht. Manche Kinder sind allerdings erst mit acht bis neun Monaten soweit, wieder andere mit einem Jahr. Die meisten Kinder durchlaufen auch eine Periode des Wechselns, in der sie bei einigen Mahlzeiten Getränke mit dem Fläschchen zu sich nehmen, bei anderen Becher oder Tasse bevorzugen. Das müde, angestrengte Kind wird nach dem gewohnten Fläschchen verlangen und saugen. Wenn es wach, aufmerksam und neugierig ist, wendet es sich mit mehr Freude dem Becher oder dem Glas zu. Die ersten Versuche der Annäherung sind dadurch geprägt, dass das Kind zunächst das vertraute

Saugmuster einsetzt, um aus dem Becher zu trinken. Erst nach und nach wird die Handhabung des neuen Trinkgefäßes entdeckt. Kinder, die voll gestillt wurden, akzeptieren oft kein Saugerfläschchen und steigen direkt auf die Tasse oder den Becher um.

Für ein erfolgreiches Trinken muss das Kind den Kopf stabil halten und die Bewegungen von Zunge und Kiefer kontrollieren können. Pädagogische Fachkräfte in der Krippe können im Zuge des Trinken-Lernens oft beobachten, dass Kinder Stabilisierungshilfen setzen. Sie legen zum Beispiel die Zunge unter den Becherrand zum Abstützen oder beißen auf den Becherrand, um die nötige Stabilität zu finden. Bei Glasgefäßen kann der Rand einfach abgebissen werden, daher kommen nur dickwandige Gläser (Gutknecht 2015) oder Trinkgefäße aus Plastik infrage. Der Prozess des Trinken-Lernens aus einem Becher ohne Deckel kann sich hinziehen, bis das Kind 24 bis 30 Monate alt ist.
Kleine Kinder benötigen Assistenz von der pädagogischen Fachkraft beim Trinken. Die Kippbewegungen des Bechers, aber auch die Fließgeschwindigkeit der Flüssigkeit müssen eingeschätzt werden. Der Fachbegriff für eine unterstützende Berührungs- und Bewegungsinteraktion in den Alltagsbewegungen wie zum Beispiel beim Füttern oder Trinken ist „Handling". Handling muss in Fortbildungen gezielt für die unterschiedlichen Lebensaktivitäten gelernt werden, damit eine hochwertige Qualität gewährleistet ist. Fachpersonen unterscheiden sich häufig stark in ihrem Geschick, die erforderlichen Stabilisierungshilfen beim Trinken aus dem Becher zu geben (Gutknecht 2015). Unruhige oder gar grobe Assistenz erhöht das Risiko, dass das Kind mit Flüssigkeit überschwemmt wird, sich verschluckt, hustet oder würgt. Angst vor dem Trinken oder Ablehnung des Getränks, das eine solche Erfahrung ausgelöst hat, kann die Folge sein. Der Becher sollte immer mit einer klaren Druckintensität an den Mund des Kindes geführt werden. Jedes Mal, wenn das Trinkgefäß an den Mund gehalten, dann wieder weggenommen und erneut wieder angesetzt wird, muss das Kind seinen Bewegungsablauf neu organisieren. Die pädagogische Fachkraft in der Krippe ist hier gefordert, bei ihrer Assistenz zu entscheiden, wie viele Unterbrechungen für das Kind gut möglich sind (ebd.).

Geeignete Trinkgefäße

Trinkgefäße sollten transparent sein, damit sie es dem Kind erleichtern, die Flüssigkeit gut wahrzunehmen. Bei einem durchsichtigen Gefäß kann das Kind sehen, wie die Flüssigkeitsmenge abnimmt. Wenn es das Gefäß anhebt, lernt es, dass ein volles Gefäß schwerer ist als ein leeres. In der Pikler-Pädagogik (Pikler et al. 2014) werden bereits für das frühe Trinken dickwandige Gläser eingesetzt. Hier bieten sich für den Anfang schlanke, konisch geformte, längsgeriffelte Gläser mit einem dicken nach außen gewölbten Rand an. Diese unterstützen auch Kinder, die längere Zeit aus Saugerflaschen getrunken haben.

Für viele Kinder ist ein Trinklernbecher eine Alternative, der vorne tief ausgeschnitten ist, sodass das Kind den Kopf nicht in den Nacken legen muss, um die Flüssigkeit mit dem Mund aufzunehmen. Sehr empfehlenswert ist hier der CamoCup® (siehe Foto), der für alle Trinkanfänger geeignet ist. Ursprünglich wurde er für Kinder mit Ess-, Trink- und/oder Schluckstörungen im Rahmen der Castillo-Morales-Therapie entwickelt. Der Becher ist in seiner Form zwei Händen nachempfunden, die Wasser aus einer Quelle schöpfen. Dadurch entsteht eine Trinkrille, durch die ein gut dosierbarer Fluss des Getränks möglich ist. Der Becher hat Noppen, die dem Kind im Unterlippenbereich Stimulation bieten. Mit diesem Becher kommen auch gestillte Kinder sehr gut zurecht, die im Übergang zur festen Nahrung Flüssigkeit benötigen, aber Saugerflaschen verweigern. Auch bei Kindern mit Down-Syndrom, die oft Schwierigkeiten mit der Mundmotorik haben, hat sich der Becher bewährt. Sein einziger Nachteil ist sein leichtes Gewicht.

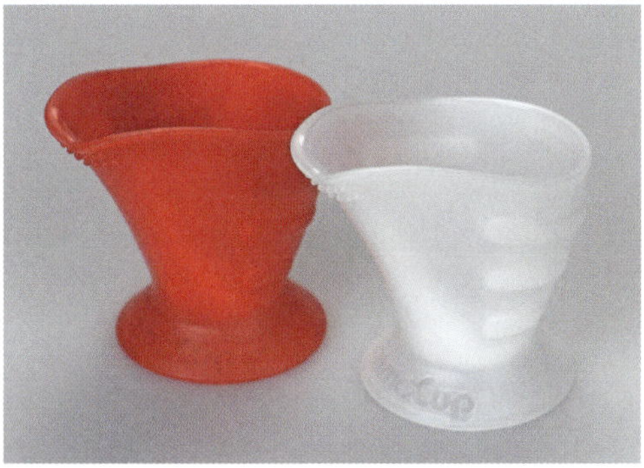

Aus offenen Gefäßen trinken lernen mit dem Trinkbecher CamoCup®

Löffel und Gabel: Ess-Werkzeuge mit Freude handhaben lernen

Im westlichen Kulturkreis werden Löffel, Gabel und Messer zum Essen verwendet. Für das Kind beginnt die Einführung dieser Werkzeuge recht früh. Den Löffel bekommt es schon vor der ersten Mahlzeit als Spielzeug in die Hand. Ab dem Alter von circa fünf bis sechs Monaten wird er für die reguläre Nahrungsaufnahme eingesetzt, denn jetzt bekommen viele Kinder die Beikost mit dem Löffel. Das Kind lernt den Löffel als fremden Gegenstand im Mund zu akzeptieren. Dabei ist es wichtig, die Löffelform zu beachten. Meist ist es günstig, mit einem weichen, sehr flachen und flexiblen Löffel aus Silikon zu beginnen. Diese Form ist gut geeignet, damit das Kind die erforderliche Aktivität der Oberlippe aufbaut, um mit ihr die

Der Flexy®-Löffel nach Dr. Böhm ist ganz weich. Er ist auch sehr geeignet zum Füttern von Kindern mit schwereren mundmotorischen Beeinträchtigungen.

Nahrung vom Löffel zu nehmen. Für Kinder mit schweren Behinderungen gibt es extrem weiche Löffel, die man im Mund drehen kann (siehe Foto).

Wenn das Kind den herannahenden Löffel gut sehen kann, das Füttertempo angemessen ist und ein freundliches Klima herrscht, passt das Kind seine Kieferöffnung zunehmend an die Größe des Bissens an. Keinesfalls darf der Löffel zu tief in den Mund eingeführt werden. Wenn beim Kind eine Würgreaktion ausgelöst wird, kann dies zu Lebensmittelaversion und Essensverweigerung führen. Bei Kindern unter einem Jahr wird empfohlen, auf die Wärmeleitfähigkeit des Materials zu achten (Bruns & Thompson 2012). Der Entwicklungsgang im Umgang mit dem Löffel lässt sich in Anlehnung an Morris und Klein (2000) wie folgt skizzieren:

- Das neun Monate alte Kind hält den Löffel fest, klopft damit und untersucht ihn mit dem Mund. Beim Füttern durch die Bezugsperson greift das Kind nach dem Löffel.
- Ab circa einem Jahr schaffen es viele Kinder, den Löffel mit der Hand zum Mund zu führen; dabei drehen sie allerdings den Löffel auf dem halben Weg zum Mund meist um und verlieren die Nahrung.
- Erst mit circa 15 bis 18 Monaten gelingt es den meisten Kindern, die Nahrung auf den Löffel zu laden und diesen zum Mund zu bringen; allerdings wird immer noch einiges verschüttet. Auch wenn Kinder sich oft selbst helfen, indem sie die Nahrung mit den Händen auf den Löffel legen und ihn dann zum Mund führen, oder den Löffel mit beiden Händen gestützt zum Mund führen, so ist es doch hilfreich, Lebensmittel zu wählen, die klebrig sind und auf dem Löffel gut haften.
- Mit circa zwei Jahren schaffen es die meisten Kinder, den Löffel oder auch die Gabel zum Mund zu führen und dabei die Handinnenfläche nach oben zu drehen.
- Das Kind mit 31 Monaten isst vom Löffel und verschüttet nur noch wenig dabei; auch können in diesem Alter die meisten Kinder Nahrung recht sicher mit der Gabel aufspießen.

Das Kind spürt, dass es einen Gegenhalt beim Brotschmieren mit dem Messer benötigt. Es sucht ihn am Tisch und am Teller. Möglicherweise möchte es seine Hände nicht schmutzig machen. Erst nach und nach lernt es, dass die zweite Hand das Brot festhalten und drehen und somit beide Hände zusammen arbeiten müssen. Hilfreich: Die Butter im Dip-Schälchen.

Beim Übergang vom Gefüttert-Werden zum selbstständigen Essen eignet sich in der Krippe ganz besonders gut der Einsatz der Zwei-Löffel-Methode: Das Kind bekommt einen eigenen Löffel in die Hand und darf von der angebotenen Nahrung löffeln, während die Bezugsperson ebenfalls mit dem Löffel füttert. Sie achtet darauf, dass die Versuche des Kindes, immer auch selbst Nahrung zum Mund zu bringen, nicht gestört werden. Durch das Weiterfüttern der Bezugsperson wird der Hunger des Kindes gestillt, und es entsteht keine frustrierende Situation, da auch das Bedürfnis nach Autonomie befriedigt wird.

In vielen Kinderkrippen werden die Kinder auch schon an das Messer herangeführt. Die Kompetenzen unterscheiden sich hier stark. Kinder ab circa zwei Jahren haben oft große Freude daran, mit dem Messer zu hantieren. Als eine der ersten Aktivtäten eignet sich das Schmieren des Brotes mit Butter (siehe Foto).

2

Hilfreiche Schälchen und Teller

Größe, Material und Ausformung der Schälchen haben Auswirkungen auf das Essverhalten des Kindes. Kleine Ess-Anfänger profitieren von einem Schälchen mit einem deutlich gerundeten Rand (siehe Foto 1). Das Kind schiebt die Speise mit dem Löffel gegen den Rand und zieht über die Wölbung den Löffel hoch. So kann die Speise nicht so schnell vom Löffel fallen, und die Erfolgserlebnisse sind größer (Höhn 2014).

1

Das älter werdende Kind mit Phasen ausgeprägter Neophobie (siehe Seite 39f.) bevorzugt zunehmend eine „sortenreine" Kost. Kein Lebensmittel soll das andere berühren. Viele Konflikte in der Mahlzeiten-Situation in der Krippe können abgemildert werden, wenn auf dieses Bedürfnis eingegangen wird. Geeignet sind Teller, auf denen sich die unterschiedlichen Nahrungskomponenten sicher voneinander trennen lassen. Wenn die Kinder motorisch noch auf das Schieben der Speisen gegen den Rand angewiesen sind, bietet sich eine Caszuela-Schale mit einem Durchmesser von bis zu 19 Zentimetern an (siehe Foto 2). Sobald die Kinder motorisch gesehen auf den hohen Rand verzichten können, sind die sogenannten Fächerteller und Esstabletts aus Melamin eine gute Alternative, um das Bedürfnis nach Trennung der einzelnen Nahrungskomponenten zu beantworten (siehe Foto 3). Auf den ersten Blick mögen sie an Mensen oder andere Orte der Gemeinschaftsverpflegung erinnern: Ein Blick in die Gesichter der jüngeren Kinder zeigt Entspannung. Das Klima am Tisch ist deutlich besser, da viele Stressoren entfallen, wie zum Beispiel das empörte Aufschreien von Kindern, wenn doch die Kartoffel mit der Sauce oder die Erbsen mit dem Fleisch in Berührung gekommen sind.

3

Gedeckter Tisch mit rutschhemmenden Unterlagen und den Reutlinger Ess-Schälchen

Transparente Schüsseln erlauben es dem Kind, sich bei den Mahlzeiten schnell zu orientieren und zu prüfen, was es gibt. Das Kind befindet sich hier im Prozess des Auswählens und kann sich bereits ein Bild davon machen, was es möchte, bevor die verschiedenen Nahrungskomponenten auf seinem Teller arrangiert sind oder es sich selbst genommen hat. Schüsseln, die sich in ihrer Formgebung öffnen, unterstützen das Kind beim Selbst-Schöpfen.

Gut strukturierte Vorlegeplatten mit Teilungen wie beim Fondueteller, klare Portionierung der Speisen in kleinen Einheiten, zum Beispiel in gut stehenden Gläschen oder Platten, berücksichtigen die verschiedenen „Arbeitsgeschwindigkeiten" der Kinder aufgrund ihrer unterschiedlichen Fähigkeiten. Ungeduld und damit Unruhe werden vermieden. In der Krippe sind Ess-Utensilien günstig, die kleine Ausmaße haben. Wenn Butterstückchen auf einem kleinen flachen Dip-Tellerchen angeboten werden, können die Kinder sich als erfolgreicher beim Brotschmieren mit dem Messer erleben, da sich die Butter so viel leichter aufnehmen lässt.

Rutschhemmende Sets oder Untersetzer für die Teller (siehe Foto) sind für den sicheren Stand des Geschirrs bei Ess-Anfängern wichtig (z.B. geschnitten aus Einlegeware für Küchenschränke und Wohnmobile oder rutschhemmende Unterlagen für Teppiche). Tischoberflächen aus Linoleum sind rutschhemmend und reduzieren gleichzeitig die Geräusche durch das Geschirr.

Je mehr auf dem Tisch steht, umso schwieriger ist dieser von Kindern bis drei Jahren zu überblicken. Von daher ist Zurückhaltung bei der Tischdeko gefragt.

Essen und Selbstreinigung: Lätzchen, Waschlappen und Spiegel

In allen Kulturkreisen gibt es Vorstellungen vom „ordentlichen Essen". So reinigen Erwachsene während des Essens immer wieder mit Zunge und Lippenbewegungen ihren Mund. Diese Bewegungen sind hoch automatisiert und vielen Erwachsenen nicht bewusst. Kleinkinder zeigen diese unentwegte Reinigungsfunktion von Zunge und Lippen noch nicht, daher sieht man sie oft mit einem voll verschmierten Mund nach der Mahlzeit. Kinder entwickeln erst nach und nach die motorischen Fähigkeiten und Fertigkeiten, um sich die Lippen abzulecken und die entsprechenden Selbstreinigungsfunktionen einzusetzen.

In der Kinderkrippe kann das Hineinwachsen in die Anforderungen im Bereich Selbstreinigung dadurch unterstützt werden, dass dem Kind, die erforderlichen Hilfsmittel zur Verfügung stehen:

- Das Kind findet warme, feuchte Waschlappen oder Tücher direkt am Ess-Platz vor (nicht parfümiert!), um sich die Hände auch während der Mahlzeit abreiben zu können.
- Ein Spiegel in der Nähe des Esstisches ermöglicht es dem Kind, nach dem Aufstehen zu überprüfen, ob alles gut abgewischt ist.

Beim Beenden der Mahlzeiten ergeben sich – unterstützt durch eine gute Ausstattung – viele Möglichkeiten der Partizipation. So können die Kinder die Mahlzeiten mit dem Ritual des Ablegens und der Entsorgung des Lätzchens und der benutzten Waschlappen beenden. Hierfür sollten ihnen gekennzeichnete Behälter zur Verfügung stehen. Die Vereinbarung kann lauten: Wenn das Lätzchen abgelegt ist, bin ich satt und kehre nicht an den Tisch zurück. Eine Unterstützung für das eigenständige Abräumen von Geschirr und Besteck und die Entsorgung von Speiseresten stellt eine bebilderte Müllzeile oder ein entsprechender Speisewagen dar.

Eine Frage des Lätzchens

Bei der Wahl des Lätzchens sind viele Aspekte zu beachten. So lassen die Verschlussmöglichkeiten des Lätzchens ein unterschiedliches Ausmaß an Partizipation zu: Es gibt Lätzchen zum Binden, mit Klettverschluss, mit einem Knopf mit Schlaufe/Knopfloch, mit Druck- oder Magnetknopf oder Lätzchen zum Über-den-Kopf-ziehen. Gerade die Bindeband- und Knopfloch-Lätzchen können die Kinder nicht selbst öffnen. Beim Bindeband-Lätzchen verknoten sich die Bänder in der Waschmaschine. Lätzchen zum Über-den-Kopf-ziehen sind unangenehm für das Kind. Nach der Mahlzeit hängen dann oft die Speisereste im Haar. Zum Schutz der Kleidung verwenden manche Krippen statt Lätzchen Windeltücher, die das Kind komplett einhüllen. Auch hier ist keine ausreichende Partizipation möglich. Eine gute Lösung sahen wir in der Reutlinger Kinderkrippe Betzenried: Beim Schlupflätzchen wurde das Bündchen hinten mit der Schere durchtrennt. Die Kinder konnten sich dann eine Wäscheklammer in ihrer bevorzugten Farbe zum Verschliessen aussuchen. Das Lätzchen wurde mit Unterstützung der pädagogischen Fachkräfte angelegt (siehe Foto). Die Krippenkinder konnten die Klammer nach der Mahlzeit selbst wieder öffnen. Nachteil: Das Bündchen franst aus und muss genäht werden.

Partizipation: Lätzchen und Klammer dürfen sich die Kinder selbst aussuchen. Nur für das Umlegen des Lätzchens benötigen sie Assistenz. Abnehmen können sie sich das Lätzchen selbst.

4.8 Vom Umgang mit dem Regelwerk rund um die Mahlzeiten

Rund um die Mahlzeiten gibt es in jeder Einrichtung ein mehr oder weniger umfangreiches Regelwerk. Regeln können sich auf die Durchführung bestimmter Rituale beziehen, wie einen Tischspruch zu Beginn der Mahlzeit, aber auch auf Verhaltensweisen wie das Spielen oder Werfen mit Essen. Es können auch grundsätzliche Standards im Fokus stehen, dass zum Beispiel zwischen den Mahlzeiten keine hochkalorischen Getränke gereicht werden. Durch Regeln erweitert sich die Choreografie der Mahlzeiten (Pikler & Tardos 2014) in den Abläufen, die das Kind erlebt.

Ein Zuviel an Regeln kann die Abläufe bei den Mahlzeiten unüberschaubar machen, zu viel Struktur zu einer Verhärtung und Verengung führen. Zu wenig Regeln, zu wenig Struktur und Ordnung können wiederum zu einem Laisser-faire in punkto Mahlzeitengestaltung führen. Das einzelne Kind kann die Handlungsschritte möglicherweise nicht mehr vorhersehen. Überforderte Kleinkinder fühlen sich desorientiert, können sich daher schlechter selbst regulieren und zeigen dies mit lautem Weinen und Schreien an. Über das Phänomen der Gefühlsansteckung kann die Irritation schnell um sich greifen, und plötzlich muss die gesamte Kindergruppe von der pädagogischen Fachkraft wieder beruhigt und emotional reguliert werden.

Sowohl ein Zuviel als auch ein Zuwenig an Regeln kann somit den Ablauf der Mahlzeiten für die pädagogischen Fachkräfte und die Kinder schwieriger machen. Es gehört auch zu den Zielen in den Bildungsprozessen rund um die Mahlzeiten, geschmeidig auf Herausforderungen zu reagieren und eine gewisse Frustrationstoleranz aufzubauen. Dies betrifft zum Beispiel den Bedürfnisaufschub, wenn Kinder warten müssen, bis das Essen kommt, aber auch die Tatsache, dass es nicht jeden Tag mein Lieblingsgericht gibt. Beim Essen-und-Trinken-Lernen sind daneben immer auch physiologische Abläufe mit zu bedenken, die die Regulation innerer Abläufe, zum Beispiel der Verdauung, der Zahnmineralisierung, betreffen, die Regeln und Ordnungsstrukturen erfordern. Es gehört von daher zu den Aufgaben der Fachkräfte, bezogen auf die aktuelle Zusammensetzung der Kindergruppe für ein abgestimmtes Regelwerk zu sorgen. Bei allen Regularien, auf die sich ein Team verständigt hat, darf es keine Dogmen in der Umsetzung geben. Die Tagesform des Kindes oder spezi-

fische Bedürfnisse, die erkennbar werden, fordern die Flexibilität der pädagogischen Fachkräfte heraus, auch einmal von einer Regel abzuweichen. Gegenseitiges Vertrauen und Zutrauen im Team sind wichtig. Im Folgenden ist eine Reihe an Regeln aufgeführt, die in vielen Einrichtungen diskutiert werden.

Freier Zugang zu Getränken und Speisen?

Die Frage nach dem vollkommen freien Zugang zu Getränken und Speisen ergibt sich, sobald das Kind motorisch in der Lage ist, sich an einer Trinkstation selbstständig Getränke zu holen und diese auch selbstständig zu trinken. Aktuell wird recht einheitlich empfohlen, einen freien Zugang zu Wasser und ungesüsstem Tee zu ermöglichen. Bewährt haben sich dabei Getränkestationen, bei denen sich das Kind einen Becher wählen kann, den es nach Benutzung in einen dafür vorgesehenen Geschirrbehälter gibt. Hilfreich sind visualisierte Hinweise an der Getränkestation.

Unterschiedliche Meinungen lassen sich zum freien Zugang zu Speisen finden: So wird in der Regel zunächst empfohlen, allzu lange Pausen zwischen den Mahlzeiten zu vermeiden und gut vorbereitete Snacks anzubieten. Zwischen Hauptmahlzeiten und Snacks sollten dann „essfreie" Phasen von zwei bis zweieinhalb Stunden eingehalten werden (Methfessel, Höhn & Miltner-Jürgensen 2016). Erst die Ess-Pause ermöglicht dem Kind die Körperwahrnehmungen von Hunger und Sättigung, was für das Erlernen einer Regulierung der Nahrungsaufnahme als wichtig eingeschätzt wird. So zeigen zum Beispiel Kinder mit extrem wählerischem Essverhalten oft ein pausenloses „Grasen" nach Lebensmitteln und können Hunger und Sättigung nicht mehr sicher wahrnehmen. Die Rhythmisierung und Strukturgebung durch den Erwachsenen wird ab dem Kleinkindalter als bedeutungsvoll für die Ess-Entwicklung angesehen.

Aus zahngesundheitlicher Sicht sollten nicht nur ess-, sondern auch trinkfreie Phasen eingehalten werden, um die Remineralisierung der Zahnhartsubstanz unter dem Einfluss des Speichels zu unterstützen. Für die Kita hat sich bei Abwägung der Positionen dennoch weithin durchgesetzt, beim Essen keinen vollkommen ungesteuerten Zugang zu Lebensmitteln zu ermöglichen, den Zugang zu Getränken aus dem Becher aber frei zu gestalten, allerdings ein Dauertrinken zu reglementieren. Bei einer Orientierung an dieser Regel ist es weiter die Aufgabe der pädagogischen Fachkräfte, auf Signale der Kinder zu achten, die ein Bedürfnis nach Getränken oder nach Speisen anzeigen, und angepasst an die Möglichkeiten des Kindes zu reagieren. Obst, sichtbar in einer Schüssel aufbewahrt, erleichtert es Kleinkindern, Nahrungsbedarf anzuzeigen.

Nachtisch als Belohnung für das Aufessen der Hauptspeise?

Durch eine solche Ess-Regel wird die Hauptspeise als weniger lecker und weniger essbar herabgestuft. In der Wahrnehmung des Kindes könnte sich dies als dauerhaft negative Haltung gegenüber der Hauptspeise ausdrücken: „Erst muss ich die ekelhafte Hauptspeise essen, um dann an das eigentlich leckere, entspannende Lebensmittel zu kommen." Dadurch können ungute Nahrungspräferenzen aufgebaut oder verstärkt werden. Das Ziel, dass die Komponenten der Hauptspeise positiv bewertet werden, ist damit verfehlt. Günstiger ist ein entspannter Umgang mit dem Nachtisch, der auch dann gegessen werden darf, wenn das Kind nicht aufgegessen hat. Das Kind sollte seinen Energiebedarf dann allerdings nicht durch das Verspeisen von mehreren Nachtisch-Portionen decken. Erfahrungen aus der Netzwerkarbeit zeigen, dass das Angebot aller Speisen und das Wählen-Dürfen bei vielen Kindern dazu führt, dass sie zwar oft den Nachtisch zuerst essen, dann aber viel mehr auch von den anderen Komponenten der Mahlzeit kosten, wie zum Beispiel Salat oder Brokkoli. Die Akzeptanz vielfältiger Nahrungsmittel wird unterstützt. Da Kinder evolutionär bedingt stets das Süße bevorzugen, kann es sich alternativ auch anbieten, auf den Nachtisch als solchen zu verzichten und diesen stattdessen für die Zeit nach dem Mittagsschlaf vorzuhalten. Obst oder Joghurt können bei den Snacks zwischen den Mahlzeiten eingeplant werden. Das ist oft für alle stressfreier!

Selbst oder assistiert schöpfen? Gemeinsam beginnen und aufhören?

In der Arbeit mit Kleinkindern wird immer wieder überlegt, ob die Kinder selbst schöpfen sollten oder ob die Fachkraft das Essen verteilt. In manchen Veröffentlichungen der letzten Jahre wurde nach dem Motto „Schöpfen war gestern" das Schöpfen der Kinder als Merkmal einer aktuellen Krippenpädagogik herausgestellt.

Wenn die Mahlzeit als vorbereitete Umgebung sehr gut gestaltet ist, hat das Schöpfen den Vorzug, dass Kinder selbst mit den Ess-Utensilien umgehen lernen. Sie gießen sich konzentriert und mit Freude aus kleinen Krügen Wasser in ihr Glas und laden sich gerne die Speisen mit den geeigneten Werkzeugen auf den Teller. Bei sehr hungrigen Kindern kann allerdings auch schnell die Stimmung am Tisch kippen, da die Erstversorgung mit Speise bei noch langsam hantierenden Kleinkindern möglicherweise eine zu große Anforderung an die Selbstregulation bedeutet. Responsivität erfordert die Beobachtung: Was brauchen die Kinder jetzt?

Mit den Abläufen rund um das Schöpfen verbunden sind auch die Überlegungen zu einem gemeinsamen Beginn und einem gemeinsamen Ende der Mahlzeit. Sollte nicht zumindest eine der beiden Phasen im Sinne von „Alle zusammen" gestaltet werden? Im Folgenden sind Beispiele für mögliche Vorgehensweisen aufgeführt:

Die Kinder

- sind sehr hungrig, einige auch müde. Um ihre Fähigkeit, abzuwarten, in dieser Situation nicht zu überfordern und auch um das Essen nicht kalt werden zu lassen, übernimmt die pädagogische Fachkraft in Absprache mit dem einzelnen Kind das Beladen der Teller mit Speisen und fordert die Kinder auf zu beginnen, sobald sie das Essen auf dem Teller haben. Nachnehmen dürfen sich die Kinder dann selbst.
- sind munter und haben Freude daran, sich selbst das Essen aufzuschöpfen. Da alle noch Ess-Anfänger sind, dauert das allerdings seine Zeit. Die assistierende Pädagogin fordert daher die Kinder auf, sofort mit dem Essen zu beginnen, wenn sie ihre Wahl getroffen haben und sich das Essen auf ihrem Teller befindet.
- warten auf das Essen, das gerade auf dem Assistenzwagen hereingebracht wird. Die Kinder sind wach und munter. Bevor die Schüsseln auf den Tisch kommen, stimmt die pädagogische Fachkraft einen kurzen Tischspruch an, den alle gemeinsam sprechen. Alternativ kann er auch gesprochen werden, wenn die Speisen in den Schüsseln auf dem Tisch stehen, aber noch niemand von ihnen genommen hat. Nach dem Tischspruch entscheidet die Pädagogin, orientiert an den Signalen der Kinder, ob sie die erste Essensrunde aufschöpft oder ob die Kinder das selbst machen.
- haben erst teilweise ihre Mahlzeit beendet. Diejenigen, die fertig sind, fangen an, mit dem Besteck zu klappern, mit den Tellern zu schieben, mit den Essensresten zu spielen. Es wird laut und unruhig. Die langsam essenden Kinder beenden trotz Hunger ihre Mahlzeit, um die Aktivitäten der anderen zu beobachten. Bei den pädagogischen Fachkräften steigt der Stresspegel. Für keinen ist das eine angenehme Situation. Die langsam essenden Kinder sollten hier bei Assistenz durch eine Fachkraft in Ruhe zu Ende essen können. Die Kinder, die schon fertig sind, dürfen den Tisch verlassen. Wenn Kinder dazu neigen, den Tisch zu früh zu verlassen und infolgedessen schon nach einer halben Stunde wieder Hunger haben, liegt es oft im Geschick der pädagogischen Fachkraft, durch Tischgespräche eine Wohlfühl-Atmosphäre zu schaffen. Dies gibt manchem Kind die Möglichkeit, zu spüren, ob es wirklich schon satt ist.

Mit dem Essen werfen?

Viele kleine Kinder werfen mit dem Essen oder mit Ess-Utensilien. Sie machen dabei oft erste Kausalitätserfahrungen. Es ist häufig zunächst ein Spiel, das um das Erkennen von Ursache und Wirkung kreist. Beim Werfen mit dem Essen, aber auch mit dem Löffel, der Gabel, dem Teller macht das Kind oft die Erfahrung, dass die Erwachsenen herbeieilen und das Heruntergeworfene aufheben. Worin genau besteht hier die Aufgabe der pädagogischen Fachkraft?

- Sie begleitet das Kind in der Mahlzeiten-Situation auf dem Weg zu einer Akzeptanz eines Spektrums an Lebensmitteln.
- Sie stellt eine warme und angenehme Atmosphäre her.
- Sie gibt Assistenz und führt auch in das Verhalten bei Tisch und die Kulturtechniken ein.

Aus diesem Verständnis ihrer Rolle heraus erfolgt die pädagogische Antwort. Dabei werden die Verhaltensweisen des Kindes und Situationsmerkmale berücksichtigt:

Werfen mit Ess-Utensilien | Drei Beispiele

- Julia hat den Teller aus Versehen heruntergeworfen, sie schaut überrascht auf mich, als ich die Sachen vom Boden aufhebe.
- Simon hat mehrfach den Teller heruntergeworfen, dabei schaut er erwartungsvoll auf mich, ob ich ihm die Sachen wieder hole; er hält das offensichtlich für ein tolles Gib-und-Nimm-Spiel.
- Lydia nimmt einen provozierenden und herausfordernden Blickkontakt mit mir auf, dann lässt sie, ohne den Blick von mir zu lösen, ihren Teller auf den Boden fallen.

Die pädagogische Fachkraft übernimmt bei der Mahlzeit eine klare Begleitung der Kinder und macht deutlich, wie das erwünschte Verhalten aussieht. Von daher ist sie jetzt nicht gefordert, auf ein Gib-und-Nimm-Spiel einzusteigen. Das wäre am Spielort angemessen, aber nicht am Ort der Mahlzeit. Julia und Simon aus unseren Beispielen bekommen von ihr in beschreibenden Worten mitgeteilt, was passiert ist und was die Situation erfordert.

Du hast den Teller heruntergeworfen. Schau, ich habe ihn dir wieder aufgehoben. Ich stelle ihn jetzt hier vor dich hin. Schau, und der Löffel kommt dorthin. Nun kannst du weiteressen, wenn du noch Hunger hast.

Wenn ein Kind versucht, die pädagogische Fachkraft in einen Machtkampf zu verstricken und daher den Teller erneut herunterwirft, bringt sie den Teller ruhig außer Reichweite des Kindes und beendet die Situation. Eine Möglichkeit ist hier, das Kind freundlich in eine andere Richtung zu lenken und seine Aufmerksamkeit neu auszurichten.

Ich sehe, du spielst mit deinem Essen; mir scheint, du bist satt. Komm, ich bring dich in den Spielbereich. Mara und Samuel spielen da mit den Baubechern.

Wenn eine pädagogische Fachkraft das Verhalten eines Kindes häufig als provozierend empfindet, sollte die komplette Ess-Situation analysiert und möglicherweise verändert werden. Folgende Reflexionsfragen können dabei hilfreich sein:

- Bekommt das Kind genügend positive Aufmerksamkeit durch die begleitende Fachkraft?
- Seit wann und wodurch hat sich die Beziehung in Richtung Machtkampf verändert?
- Ist die Tischgemeinschaft für das Kind zu groß?
- Wie sieht die Interaktion mit den anderen Kindern aus?
- Sitzt das Kind gut?

Während der folgenden Mahlzeiten kann ein Kind auch daraufhin beobachtet werden, ob es in ganz kurzen Momenten das gewünschte Verhalten zeigt. Hier sollte es sofortige positive Rückmeldungen seiner Bezugspädagogin bekommen. Hilfreich ist es, dem Kind eine passende Geste zu vermitteln, über die es eigenständig anzeigen kann: Ich bin jetzt satt! Ich möchte aufstehen und weiterspielen!

5. Fütter-, Ess- und Schluck-Störungen

Bei Kindern im Säuglings- und Kleinkindalter gehören belastende Symptome rund um die Nahrungsaufnahme zu den „ganz normalen Krisen" (Papoušek et al. 2010). Aus diesem Grund erleben pädagogische Fachkräfte in der Kinderkrippe eine Vielzahl an herausfordernden Situationen bei der Begleitung der kleinen Kinder bei den Mahlzeiten. Zu unterscheiden sind vorübergehende, entwicklungsbedingte Fütter- und Ess-Probleme, die bei circa 20 Prozent der Kinder auftreten, von schweren Fütter- und Ess-Störungen, die mit Wachstums- und Gedeihstörungen einhergehen. Davon sind circa ein bis zwei Prozent der Vorschulkinder betroffen. Diese Störungen nehmen oft einen chronischen Verlauf und stellen eine erhebliche Gefahr für die physische, kognitive und sozial-emotionale Entwicklung des Kindes dar. Die mit ihnen verbundenen Kämpfe rund um die Mahlzeiten bleiben nicht ohne Auswirkungen auf die Beziehungen zu den Bezugspersonen, die mit der Versorgung des Kindes befasst sind.

Ein Kind, das einen schlechten Appetit hat, sich nicht füttern lässt, Lebensmittel verweigert, nicht an Gewicht zunimmt, erschüttert insbesondere die Eltern in ihrem Selbstwert und löst tiefe Verunsicherung aus. Früherkennung ist in diesem Bereich besonders wichtig. In der frühen Kindheit hat sich gegenüber dem Begriff der Ess-Verhaltensstörung oder der Ernährungs-Störung der Begriff der Fütter-Störung durchgesetzt, um den Bereich der Interaktion, der bei diesen Störungen eine große Rolle spielt, zu betonen (Thiel-Bonney & von Hofacker 2014). Seit 2015 gibt es eine aktualisierte Leitlinie der Arbeitsgemeinschaft der Wissenschaftlichen Medizinischen Fachgesellschaften (AWMF), die empfiehlt, zwischen Fütter- und Ess-Störungen zu unterscheiden.

Unterscheidung von Fütter- und Ess-Störungen (im Sinne der S2k Leitlinie 2015)

- Bei Fütter-Störungen im engeren Sinne ist ein unabhängiges Essen durch das Kind nicht möglich, die Nahrungsaufnahme erfolgt im Rahmen der Fütter-Interaktion zwischen dem Kind und seiner Bezugsperson.
- Bei Ess-Störungen ist Essen unabhängig von der Bezugsperson möglich.
(von Gontard 2010, S. 109)

Fütter- und Ess-Störungen für das Alter von der Geburt bis zu drei Jahren werden heute auf der Basis des diagnostischen Systems DC 0-3 festgestellt. Danach gibt es sechs zu unterscheidende Störungs-Arten:

1. Die Regulations-Fütter-Störung
2. Die Fütter-Störung der wechselseitigen Interaktion
3. Die Frühkindliche Anorexie

4. Die Sensorische Nahrungsverweigerung
5. Die Posttraumatische Fütter-Störung
6. Die Fütter-Störung auf der Basis medizinischer Grunderkrankungen

Im Folgenden werden die Störungen auf der Basis der S2k Leitlinie der Arbeitsgemeinschaft der wissenschaftlichen medizinischen Fachgesellschaften e.V. (AWMF 2015) sowie der Literatur von Chatoor (2009) und von Gontard (2010) beschrieben. Das Kapitel schließt mit einem Abschnitt zu Schluckstörungen, den kindlichen Dysphagien, die oft bei Kindern mit Cerebralparese zu beobachten sind.

Die Regulations-Fütter-Störung

Regulationsprobleme beim Füttern treten bereits beim neugeborenen Kind auf. Bei der Fütter-Mahlzeit wirkt das Kind entweder zu schläfrig oder zu gestresst, um gefüttert zu werden. Dabei sind die Fütter-Schwierigkeiten nicht durch eine körperliche Erkrankung bedingt. Im Umgang mit diesen Kindern sind in Familie und Kinderkrippe Regulationsstrategien zur Beruhigung und zum Spannungsabbau von Bedeutung. Beim Füttern ist darauf zu achten, dass das Kind nicht überstimuliert wird. Es sollte darauf verzichtet werden, unnötig den Mund abzuwischen. Auch sind die Signale für Hunger sorgfältig zu lesen, damit das Kind nicht unnötig lange vor einer Mahlzeit schreit. Die Schwierigkeiten können so groß sein, dass es zu einem massiven Gewichtsverlust kommt, der Sondenernährung notwendig macht.

Fütter-Störung der wechselseitigen Interaktion

Gemeint ist hier eine schwere Fütter-Störung, die meist im Laufe des ersten Lebensjahres erkannt wird, wenn das Kind aufgrund von medizinischen Problemen beim Arzt vorgestellt und dort ein schlechter Ernährungszustand festgestellt wird. Auffällig ist das Verhalten des Kindes während der Fütter-Mahlzeit, denn es zeigt keinen adäquaten Blickkontakt, lächelt und „plaudert" nicht. Oft liegt eine schwerwiegende Störung der Mutter-Kind-Beziehung vor, bei der die Mutter die Fütter- und Wachstumsprobleme des Kindes verleugnet oder angibt, diese nicht bemerkt zu haben. Die Störung tritt oft als Folge von Vernachlässigung und Deprivation auf. Häufig muss eine stationäre Therapie eingeleitet werden, bei der die Interaktionsstörung im Rahmen einer Mutter-Kind-Therapie behandelt wird. Oft ist eine eigene Therapie der Mutter unumgänglich. Nicht selten kommt es zu Inobhutnahmen durch die Jugendhilfe, in schweren Fällen ist eine Fremdplatzierung angezeigt.

Frühkindliche Anorexie

Die frühkindliche Anorexie ist mit anderen Symptomen verbunden als die Erkrankung im Jugendalter. Es fehlt beim kleinen Kind die intensive Auseinandersetzung mit dem eigenen Körperbild, und es liegt keine Störung des Körperschemas vor. Die Kinder zeigen eine ausgeprägte Nahrungsverweigerung, die mit einer massiven Gedeihstörung und Wachstumsmangel einhergeht. Sie signalisieren keinen Hunger und zeigen sich völlig desinteressiert am Essen. Sie sind dabei oft durchaus aufgeschlossen, möchten lieber herumlaufen und spielen als essen. Sehr gerne interagieren sie mit ihren Bezugspersonen. Nach Chatoor (2009) ist diese Form der Fütter-Störung gekennzeichnet durch die Weigerung des Kindes, adäquate Essensmengen für eine Dauer von mindestens einem Monat aufzunehmen. Dabei gibt es weder ein traumatisches Erlebnis in der Vorgeschichte noch eine medizinsche Erkrankung, um das Verhalten erklären zu können. Oft ist eine stationäre Behandlung erforderlich. Im Sinne des Ansatzes von Ellyn Satter (siehe Seite 44) lernen Eltern in der Therapie das Konzept der geteilten Verantwortung kennen: Sie bestimmen wann, was und wo gegessen wird, die Kinder wie viel. Empfohlen werden regelmäßige Mahlzeiten und „essfreie" Pausen, in denen nur Wasser und ungesüßte Getränke zu sich genommen werden dürfen, um das Gefühl für Hunger zu entwickeln (Chatoor 2009). Struktur und Grenzsetzungen werden empfohlen.

Sensorische Nahrungsverweigerung

Das Kind verweigert konsequent Lebensmittel mit einem speziellem Geschmack, einer bestimmten Farbe, Struktur, Form, Temperatur oder einem bestimmten Geruch (AWMF 2015). Infolgedessen können Ernährungsdefizite sowie mund- und sprechmotorische Störungen eintreten. Die Verweigerung besteht dabei mehr als einen Monat. Meist liegt der Beginn der Störung bei der ersten Einführung unbekannter Nahrung. Nach Chatoor (2009) zeigt das Kind oft Würgen und Erbrechen bei den abgelehnten Lebensmitteln. Das Spektrum der akzeptierten Lebensmittel kann extrem verengt sein, das Kind probiert nicht und zeigt Aversion gegenüber jeder unbekannten Nahrung. Nur die bevorzugten Lebensmittel werden gegessen. Diese Kinder haben meist keine Wachstumsstörung. Zuweilen sind sie sogar übergewichtig (AWMF 2015). Oft wird aufgrund der extrem einseitigen Ernährung zu Nahrungsergänzungsmitteln geraten. Es gibt keinen Hinweis auf eine medizinische Erkrankung, Allergien oder ein Trauma. Günstig wirken sich eine

Wohlfühl-Atmosphäre bei Tisch ohne Druck beim Essen aus und Ess-Modelle, die gerne probieren. Eltern sollen dahingehend beraten werden, ungünstige Ess-Kommentare zu vermeiden (siehe Seite 41). Hilfreich sind die in Kapitel 6 ab Seite 92ff. zum Probieren aufgelisteten Strategien.

Fütter-Störung durch Grunderkrankungen im Magen-Darm-Trakt / Posttraumatische Fütter-Störung

Eine Fütter-Störung kann auf Erkrankungen im Magen-Darm-Trakt beruhen. Häufig handelt es sich um Reflux-Erkrankungen. Wenn davon betroffene Kinder bestimmte Speisen essen, stellen sich Sodbrennen oder ein Brennen hinter dem Brustbein ein. Das Kind kann quälende Schmerzen nach dem Essen haben. Unangenehme Reaktionen des Organismus auf bestimmte Lebensmittel führen dazu, dass diese nachhaltig gemieden werden. Dies kann auch ganze Nahrungsmittelgruppen betreffen. Eine posttraumatische Fütter-Störung entwickeln Kinder, die unangenehme medizinische Eingriffe im Mundbereich erleben mussten. Oft ist dies bei ehemaligen Frühchen der Fall, die das Einführen von Nasen- oder Endotracheal-Sonden erlebt haben oder häufiges Absaugen über sich ergehen lassen mussten. Alle mit der Mahlzeit verbundenen Objekte wie Hochstuhl, Lätzchen, Fläschchen, Löffel und die Nahrung selbst können heftige Reaktionen wie Würgen oder Erbrechen auslösen. Die Störung kann so ausgeprägt sein, dass eine Sondenernährung erforderlich ist. Hier ist von therapeutischer Seite eine Sondenentwöhnung notwendig. Maßnahmen wie das sogenannte Babypicknick kommen zum Einsatz. Dabei werden Lebensmittel auf dem Boden frei zugänglich positioniert und können exploriert werden. Ebenso bedeutsam ist die Entwicklung von Hunger- und Sättigungsempfindung durch Struktur und regelmäßige Mahlzeiten. Verantwortet wird eine solche Behandlung von einem geschulten multiprofessionellen Team aus dem medizinisch-therapeutischen Bereich.

Die Fütter-Störung auf der Basis medizinischer Grunderkrankungen

Fütter-Störungen können auch auf der Basis einer medizinischen Grunderkrankung auftreten, wie zum Beispiel einer Herz- oder Lungenerkrankung. Oft beginnt das Kind ganz regulär zu essen und kann dann für die weitere Mahlzeit nicht durchhalten. Mangelnde Gewichtszunahme oder Gewichtsverlust können die Folge sein. Manchmal ist hier das Zufüttern über eine Sonde unumgänglich. Für die Eltern sind Regulationsstrategien zur Beruhigung und zum Spannungsabbau wichtig.

Kinder mit Dysphagien

Von den bisher genannten Störungen sind die kindlichen Dysphagien zu unterscheiden. Hie-

runter sind Störungen der Aufnahme, der Verarbeitung, des Transports von Nahrung und/oder Speichel zu verstehen. Diese Störungen sind bedingt durch angeborene oder erworbene Erkrankungen oder Verhaltensmuster. In der Kinderkrippe sind es oft ehemalige Frühchen oder Kinder mit einer Infantilen Cerebralparese (Bewegungsstörung durch frühkindliche Hirnschädigung). Bei diesen Kindern ist das Füttern eine große Herausforderung. Bei der Berührung des Löffels am Mund kann es zu unwillkürlichen Beißreaktionen auf den Löffel kommen oder der Kiefer wird plötzlich weit aufgerissen (Kieferstoß). Die Bewegungen beim Essen sind für das Kind schwierig zu steuern. Die Kinder verschlucken sich, husten und würgen oft, haben Probleme, das Essen im Mund wahrzunehmen. Durch die schwierigen Bewegungsabläufe kann die Zunge das Essen oft nicht zu einem sogenannten Bolus – einem Bällchen – formen, der dann geschluckt werden kann. Manchmal fällt das Essen in die Backentaschen, und das Kind schafft es nicht, es von dort wieder auf die Zunge zu transportieren. Beim Füttern kann dem Kind mit einem Flexylöffel (z.B. Flexy®-Löffel nach Dr. Boehm, siehe Foto auf Seite 70) geholfen werden, die Nahrung wieder auf die Zunge zu bekommen. Es besteht ein erhöhtes Risiko, dass Nahrung aspiriert wird und es zu Lungenentzündungen kommen kann. Hier ist eine Mund- und Esstherapie erforderlich, bei der Hilfen für das tägliche Essen und Trinken in Zusammenarbeit mit den Bezugspersonen entwickelt werden. Spezielle Ess-Utensilien, zum Beispiel CamoCup® (siehe Foto auf Seite 69) oder Strohhalmbecher, können unterstützend sein. Wichtig ist auch die aufrechte Haltung des Kindes beim Essen. Eine enge Zusammenarbeit mit den Eltern und der Therapeutin bzw. dem Therapeuten ist unabdingbar.

Für pädagogische Fachkräfte ist bei Fütter- und Ess-Störungen von Kindern eine solide Beratungskompetenz gefragt. Sie sollten Eltern an die entsprechenden Institutionen im Sozialraum weiterverweisen können, wenn es um medizinisch-therapeutische Fragestellungen, insbesondere die Diagnostik von möglichen Fütter-, Ess- und Schluck-Störungen geht. Erster Ansprechpartner ist zunächst der Kinderarzt der Familie. In vielen Städten gibt es heute auch Baby- und Säuglingsambulanzen, die hier eine Spezialisierung haben. Da Fütter-, Ess- und Schluck-Störungen hochkomplex sind, werden betroffene Kinder und ihre Familien meist von multiprofessionellen Teams betreut; zu diesen gehören Kinderärzte, Neuropädiater, HNO Ärzte, Fachärzte für Psychiatrie, Psychologen sowie Fachkräfte aus dem Therapiebereich wie Logopädie, Ergo- und Physiotherapie. Einbezogen sind weiter Fachkräfte aus dem Bereich der Ernährungswissenschaften/Ökotrophologie und der Pflege.

6. Probieren: Die didaktische Herausforderung!

Die Nahrung berühren und sich selbst mit den Händen füttern sind frühe Phasen in der Ess- und Probier-Entwicklung. Gezielt greift das Kind mit Pinzettengriff nach der Speise.

Pädagogische Fachkräfte sind nicht zuletzt durch die Phase der Neophobie (siehe Seite 39f.) immer wieder mit Kindern konfrontiert, die prinzipiell kaum für das Probieren zu begeistern sind, die sehr wenig oder kaum essen. Eltern und Fachkräfte reagieren hier in der Regel besorgt. Sie finden es schwierig, die Position einzunehmen, dass die Aufgabe der Fachkräfte in der Kita darin besteht, ein empfehlenswertes Essensangebot zu machen, aus dem die Kinder dann vollkommen frei auswählen (siehe Seite 44). Weit verbreitet sind daher nach wie vor Formen der Begleitung beim Essen, die mit Druck verbunden sind. Probierzwang hat das Potenzial, das Vertrauen des Kindes zur pädagogischen Fachkraft nachhaltig zu erschüttern (Rowell & McGlothlin 2015). Ein freundlich bestimmtes Durchhaltevermögen ist erforderlich, wenn Kinder an neue Lebensmittel herangeführt werden sollen. Wenn das Kind, über Neugierverhalten und positive Emotionen geleitet, die fremde Speise in den Mund schiebt, ist schon einmal eine große Hürde genommen. Danach liegt es in erster Linie daran, ob ihm das Lebensmittel bekommt, damit es noch einmal gegessen wird. Ein Lebensmittel, das Schmerzen oder Übelkeit ausgelöst hat, Verschlucken, Husten oder gar einen Erstickungsanfall, wird für lange Zeit massiv abgelehnt, möglicherweise viele Jahre gemieden. Ess-Entwicklung ist aber nur über (wiederholtes) Probieren möglich. Wie kann der Weg zum Probieren erfolgreich beschritten werden?

In der pädagogischen Arbeit in der Krippe wird das Probieren oft zu eng allein auf die Situation der Mahlzeit bezogen. Um Wege zum Probieren zu ebnen, ist zum einen ein erweiterter Blick auf den Alltag mit den Kindern erforderlich, zum anderen eine analytische Betrachtung der Lebensmittel selbst. Die folgenden Vorschläge lassen sich im Sinne einer inklusiven Pädagogik mit allen Kindern umsetzen. Einen wahrnehmungsorientierten Ansatz zum Probieren hat Toomey (2010) entwickelt. Der Ansatz wurde um spieltherapeutische Zugänge aus der Mund- und Esstherapie erweitert (Gutknecht 2003) und für die Krippe ausdifferenziert. Wenn die Mahlzeiten freudvoll und harmonisch gestaltet sind, sind die Kinder gerne miteinander am Tisch und genießen die gemeinsame Zeit. Auch das „Mahlzeiten-Spielen" benötigt diese Freude.

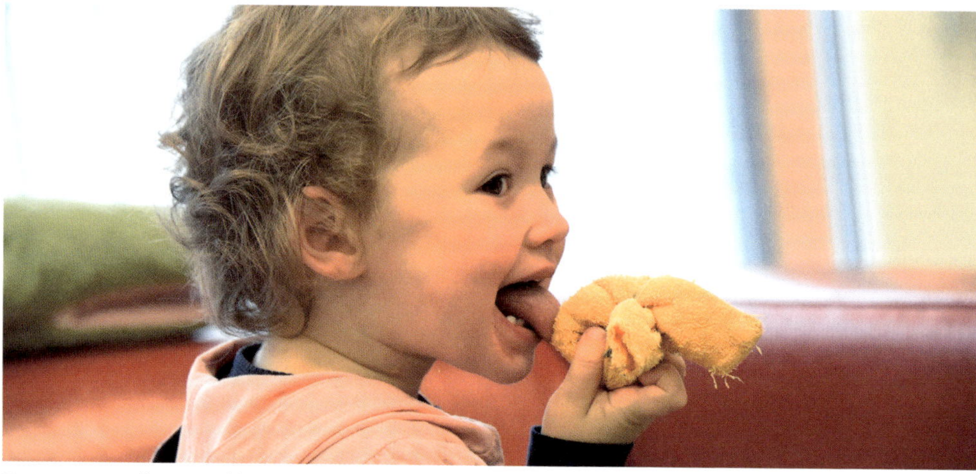

Es unterstützt die Entwicklung zum Probieren, wenn Kinder die Welt mit dem Mund erforschen. Wer nichts in den Mund nehmen mag, macht weniger Wahrnehmungserfahrungen und akzeptiert die unterschiedlichen sensorischen Eindrücke der Lebensmittel auch weniger gut.

Acht Schritte zum Probieren von Lebensmitteln (nach Toomey 2010; Gutknecht 2003)

1. Essen und Trinken als Themen im Funktionsspiel
2. Essen und Trinken als Themen im Symbolspiel
3. Tolerieren des Lebensmittels im Raum/am Tisch/am Platz
4. Mit dem Lebensmittel etwas aktiv tun (interagieren)
5. Das Lebensmittel berühren
6. Das Lebensmittel riechen
7. Das Lebensmittel schmecken
8. Das Lebensmittel essen

Probierverhalten stärken über Essen und Trinken im Funktionsspiel

Essen und Trinken sowie die Aktivitäten bei den Mahlzeiten können im Funktionsspiel aufgenommen werden. Viele Anregungen gibt hierzu die Montessori-Pädagogik im Rahmen ihrer Spieltätigkeiten rund um die Alltagsaktivitäten (z.B. in Bläsius 2015). Das Schütten von Becher zu Becher, das Gießen und Schöpfen im Spiel, bauen eine selbstverständliche Art des Umgangs mit Ess-Utensilien bei der Mahlzeit auf.

Viele Kinder spielen in dieser Phase sehr gerne mit Spielzeuggeschirr. Es bietet sich für die Behälterspiele an, die in diesem Alter gerne gespielt werden, aber auch für den Übergang in das Symbolspiel. Eine Umgebung zu schaffen, in der Lebensmittel immer irgendwie präsent sind, ist möglich über die Herstellung oder Anschaffung von Spiellebensmitteln aus Filz, Plastik oder Holz, die überall ins Spiel einbezogen werden können. Leere Umverpackungen von Lebensmitteln, die die Kinder bevorzugen, unterstützten den Bezug zum realen Lebensmittel. Ein sehr gutes Erfahrungsfeld bieten zudem die Kinderküchen, die es in vielen Einrichtungen gibt. Wenn es das Ziel ist, die Akzeptanz für das Thema Lebensmittel zu erhöhen, ist ein begleitetes Funktionsspiel erforderlich.

Probierverhalten stärken über Essen und Trinken im Symbolspiel

Mit älteren Krippenkindern ist eine Vielzahl an Spielen im Bereich des Symbolspiels möglich, die Lebensmittel, Essen, Trinken und Mahlzeiten thematisieren. Günstig sind zum Beispiel das Kuchenbacken oder das Kochspiel im Sand. In ihrer Spielassistenz begleitet die pädagogische Fachkraft das Kind, indem sie auf heiße Speisen aus Sand pustet, damit das „Essen" kühler wird; sie schmeckt ab, kostet, macht über Ausrufe wie „Mmmh" deutlich, wie sehr es ihr schmeckt oder schüttelt sich theatralisch, weil Salz fehlt. Sie fordert das Kind imaginär auf, auch zu kosten. Im Rollenspielbereich können große Plüschtiere mit unterschiedlichen „Speisen" gefüttert werden.

Tolerieren von Lebensmitteln im Raum und am Platz

Ein Kind, das es nicht ertragen kann, ein Lebensmittel zu schmecken oder zu riechen, wird es weder in den Mund nehmen, geschweige denn herunterschlucken. Es muss sich langsam annähern. Ein erster Schritt dazu ist, dass das Lebensmittel toleriert wird, wenn es sich im gleichen Raum befindet wie das Kind (Toomey 2010). Das Kind sieht zuerst das Lebensmittel im Raum. Später liegt es auf dem Tisch, an dem auch das Kind sitzt. Zunächst kann das Lebensmittel weit weg, später nahe am Platz des Kindes liegen. Zum Tolerieren kann auch gehören, dass das Kind dabei ist, wenn das Lebensmittel eingekauft wird. Das Lebensmittel wird noch nicht von ihm berührt. Ein weiterer Schritt liegt in der Bearbeitung des Lebensmittels im Raum durch die Fachkraft oder durch andere Kinder, wenn das Kind ebenfalls anwesend ist. Das Kind soll das Lebensmittel sehen. Es kann den Lebensmittelgeruch zunächst im Raum, später am Tisch, an seinem Platz wahrnehmen. Erst dann ist das Kind möglicherweise bereit, das Lebensmittel in die Hand zu nehmen und direkt daran zu riechen.

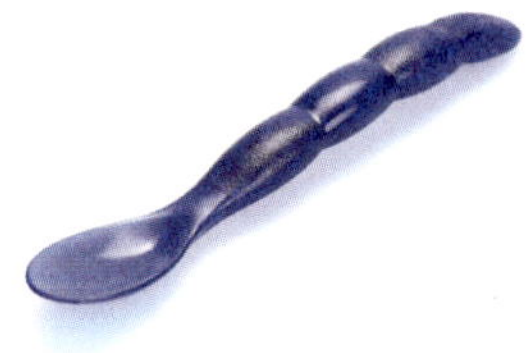

Aktivitäten mit Lebensmitteln zur Akzeptanzförderung

Das Kind berührt das Lebensmittel bei der Vorbereitung oder Zubereitung von Nahrung, zum Beispiel, wenn ein Obstsalat bereitet wird. Es legt das Lebensmittel in eine Schüssel oder auf den Teller eines anderen Kindes, bringt es zum Beispiel hinaus in den Garten (Toomey 2010). Grundsätzlich wird das, was Kinder nicht berühren mögen, auch weniger gerne in den Mund genommen. Pädagogische Fachkräfte können hier viele Aktivitäten schaffen, die nur das Berühren verlangen. Lebensmittel als grundsätzliches Thema sollten eine große Präsenz im Krippen-Alltag haben. Im Eingangsbereich kann der heutige Speiseteller als Foto aushängen und Gesprächsanlässe bieten. Vor und bei den Mahlzeiten sollte über das heutige Essen gesprochen werden. Besuche in der Küche können außerhalb der Zeit der Erstellung bzw. Ausgabe der Gemeinschaftsverpflegung erfolgen. Wird eine gemeinsam „begriffene" Speise im Anschluss erhitzt, ist der Anforderung der Hygiene ausreichend Rechnung getragen. Ein kleines Projekt, zum Beispiel ein durchgebackener Kuchen oder die Vorbereitung für ein Kompott, unterstützt die Kinder, den Ort Küche mit dem Essen in der Kita zu verbinden.

Sinnesbrücken zu Lebensmitteln: Vom Berühren bis zum Schlucken

Das Berühren von Lebensmitteln wird über weit vom Mund entfernte Körperteile aufgebaut: über die Fingerspitzen, Schultern, Arme, die ganze Hand, an den Wangen, am Kinn und erst zum Schluss über Lippen, Zähne, Zungenspitze. Geschmacksspiele und Riechspiele, bei denen unterschiedliche Lebensmittel gerochen und erraten werden müssen, haben hier ihren Platz. Bei der Beobachtung bei den Mahlzeiten ist wichtig, dass das Kind die Speisen manchmal in den Mund nimmt, dann aber wieder ausspucken darf. Man kann das Kind beim direkten Probieren in eine Serviette ausspucken lassen. Das Kind sollte für seinen Probierversuch nicht getadelt werden. Das Schmecken vollzieht sich auch in Stufen: Das Kind kann das Lebensmittel vorsichtig an die Lippen nehmen, mit der Zungenspitze berühren, mit der ganzen Zunge ablecken, in den Mund einführen und sofort wieder ausspucken, nur zum Teil ausspucken und irgendwann das Lebensmittel kauen und schlucken.

Beim Probieren die sinnlichen Eigenschaften der Lebensmittel nutzen

Eine wichtige Strategie zur Erweiterung des Lebensmittelspektrums ist die genaue Analyse der vom Kind akzeptierten Lebensmittel. Welche Farbe, Form oder Temperatur haben diese? Welchen Geschmack, welche Konsistenz? Der Weg führt dann über eine systematische Erweiterung des Lebensmittelspektrums über ein Angebot möglichst ähnlicher Lebensmittel zu den bisher akzeptierten. Bei der Speiseplanung lässt sich das besonders gut berücksichtigen, wenn in der Einrichtung ein Koch oder eine Hauswirtschafterin die Mahlzeiten zubereitet.

> In der Krippe hat der Koch ein leckeres Essen mit grünen Nudeln zubereitet. Viele Kinder schauen skeptisch, sie kennen nur gelbe Nudeln. Ein Teil der Kinder probiert die Nudeln zwar, spuckt sie aber wieder aus.

Auf der Stufe zum Probieren stehen diese Kinder sehr weit oben, denn sie haben die Nahrung schon in den Mund genommen und geschmeckt.

Auch über die „Maskierung von Geschmacksrichtungen" kann gearbeitet werden. Dabei wird analysiert, ob ein bestimmter Geschmack bevorzugt wird, den man dann für unterschiedliche Konsistenzen von Nahrung nutzt. Eine Bevorzugung von Curry würde sich dann im Angebot von Nudeln mit Curry, Kartoffeln mit Curry oder Reis mit Curry widerspiegeln.

Die Brücke zu neuen Lebensmitteln wird über ein systematisches, freudvolles Probieren gebaut (Fraker et al. 2007). Durch das Prinzip des Anknüpfens an Vertrautes kann über sensible Veränderungen von Geschmack, Geruch, Konsistenz und Temperatur von Lebensmitteln deren Akzeptanz nach und nach erhöht werden. Die Experimentierfreude steht im Vordergrund.

Zum Probieren gehört es auch, etwas wieder ausspucken zu dürfen.

7. Das Thema Mahlzeiten in der Zusammenarbeit mit Eltern

Das Ess-Setting in der Kita kann sich deutlich von dem in der Familie unterscheiden.

Die Zusammenarbeit mit den Eltern bezogen auf Mahlzeiten ist in der Kinderkrippe ganz besonders anspruchsvoll, denn beim Essen und Trinken geht es um eine „Überlebensfrage". Wenn sich die Kinder noch nicht sprachlich ausdrücken können, sorgen sich Eltern oft sehr: Isst mein Kind in der Krippe? Isst es genug? Achten die Fachkräfte ausreichend auf mein Kind? Merken die Fachkräfte, wenn mein Kind Hunger oder Durst hat? Eltern mit Migrationshintergrund, die oft eine andere Mahlzeiten-Gestaltung und eine andere Familienkost haben, fragen sich zudem: Wird mein Kind mit den vielen neuen Eindrücken und Essensformen zurechtkommen? Viele Eltern lesen besonders am Aufessen der Speisen ab, ob sich ihr Kind in der Einrichtung wohlfühlt.

Mahlzeiten und Eingewöhnung

Wenn Kinder als Säuglinge oder Kleinkinder in eine Einrichtung aufgenommen werden, ist das nicht nur für das Kind eine große Umstellung; auch die Eltern stehen vor der Aufgabe, sich auf ein geteiltes Betreuungsfeld einzustellen. Seit der Geburt des Kindes waren sie für seine Versorgung verantwortlich, mussten die Bedürfnisse ihres Kindes erkennen lernen, seine Signale entschlüsseln. Für viele junge Eltern ist das eine herausfordernde Zeit. Der Säuglingsforscher Daniel Stern bezeichnet die seelische Situation von Müttern und Vätern nach der Geburt des ersten Kindes als Mutterschafts- oder Vaterschaftskonstellation, in der neue Lebensthemen wichtig werden, die sich in zentralen Kernfragen bezogen auf die Beziehung zum Kind widerspiegeln.

Kernfragen der Mutterschafts- und Vaterschaftskonstellation
(nach Daniel Stern 1998, S. 113ff.)

- Gelingt es mir, mein Kind zu ernähren? Gelingt es mir, für sein Überleben zu sorgen? Gedeiht das Kind bei mir?
- Gelingt es mir, eine tiefe emotionale Bindung zu meinem Kind herzustellen? Kann ich seine Bedürfnisse erkennen, es trösten, mich an ihm freuen?
- Wo finde ich Unterstützung für mich und mein Kind? Kann ich Unterstützung für mich schaffen und annehmen?
- Schaffe ich es, meine neue Rolle als Mutter/Vater anzunehmen und positiv zu besetzen? Schaffe ich es, mich in den neuen Anforderungen gut zu organisieren, den Alltag zu managen?

Pädagogische Fachkräfte sollten vor diesem Hintergrund darauf vorbereitet sein, dass alle Ereignisse in der Einrichtung, die an die Fragen der Mutterschafts-/Vaterschaftskonstellation rühren, sehr schnell zu hochemotionalen Themen zwischen ihnen und den Eltern werden können. Dies gilt in besonderer Weise für die Themen rund um das Essen und Trinken. Hat das Kind jeden Tag zuhause einen Bärenhunger, so weckt das möglicherweise die Sorge: „Bekommt mein Kind nicht genug zu essen?" „Steht mein Kind in der Krippe so unter Stress, dass es dort nicht entspannt genug ist, um ausreichend zu essen?"

Kinder, die in der Einrichtung nicht essen, können Ängste bei den Eltern auslösen, dass die Entscheidung für diese spezielle Einrichtung oder die Krippenbetreuung insgesamt falsch war. Daher empfiehlt es sich, die Eingewöhnungsphase gezielt zu nutzen, um einerseits die Ess-Entwicklung des Kindes und die sogenannte Ess-Geschichte seiner Familie kennenzulernen und andererseits den Verlauf der Mahlzeiten in der Krippe vorzustellen. So kann das Mahlzeiten-Skript der Einrichtung bestmöglichst an das (kulturelle) Mahlzeiten-Skript in der Familie des Kindes anknüpfen. Ein solcher Austausch mit den Eltern schon im Aufnahmegespräch ist die ideale Grundlage für die Begleitung des Kindes in der Entwicklung seiner Kompetenzen in einer oder zweier paralleler Ess-Kulturen. Im Anhang auf Seite 110ff. sind Fragen für ein kulturbewusstes Interview zusammengestellt.

Zur Entspannung der Eltern im Zusammenhang mit dem Thema Essen trägt bei, wenn

Im geteilten Betreuungsfeld unterstützen die Eltern und die Fachkräfte das Kind beim Essen-Lernen. Das Kind auf dem Foto passt seine Mundöffnung an die Speise an, die auf dem herannahenden Löffel liegt. Es hilft sich selbst, indem es die freie Hand zusätzlich einsetzt.

- das individuelle Essverhalten des Kindes jeden Tag dokumentiert wird und diese Dokumentationen im Übergabegespräch an die Eltern weitergegeben werden. Bewährt haben sich Kurzdokumentationen, die Auskunft über das Essen und Essverhalten, die Verdauung und das Wickeln sowie das Schlafverhalten geben;
- die Speisen des Tages in einem Aushang abgebildet sind. Hier bieten sich oft auch Gesprächsanlässe mit dem Kind.

Elternbegleitet – auch bei den ersten Mahlzeiten

Es hat sich als hilfreich erwiesen, wenn die ersten Mahlzeiten in der Krippe durch die Eltern begleitet werden (Laewen, Andres & Hédervári 2011). Die verschiedenen Mahlzeiten-Arten, die das Kind zukünftig in der Krippe einnehmen wird, werden dabei einbezogen. Vertrautes Besteck und Geschirr von zuhause, der Lieblingslöffel und -teller sowie das vertraute Trinkgefäß helfen dem Kind bei der Bewältigung des Übergangs. Es kann dadurch seine schon erlangten Fertigkeiten in der fremden Ess-Umgebung einsetzen. Wenn Kinder in der Einrichtung nicht essen wollen, ist häufig diese elternbegleitete Übergangsphase zu kurz gestaltet worden.

Bei der ersten Mahlzeit ohne Begleitung der Eltern ist darauf zu achten, dass das Essen nicht zu spät angesetzt wird. Das Kind sollte nicht so müde sein, dass es zu erschöpft ist, die neue Situation zu meistern (Höhn 2016). Darüber hinaus ist es wichtig, dass ein oder zwei Lebensmittel bzw. Nahrungskomponenten angeboten werden, die das Kind bereits kennt und gerne isst.

Essen als Brücke in Transitionsprozessen

Es ist zu beobachten, dass es neben den geplanten Mahlzeiten viele bedeutsame „Ess-Brücken in Übergangssituationen" gibt, die im geteilten Betreuungsfeld beschritten werden: Die Kinder essen oder trinken oft auf dem Weg zur Kita. In der Kita angekommen, haben manche das Bedürfnis, nun mit den anderen Kindern zusammen zu essen. Sie möchten nicht ohne dieses orientierende Eingangsritual der Mahlzeit in den Kita-Tag starten. Am Nachmittag beim Abholen haben die Eltern oft etwas zu essen dabei; selbst dann, wenn der Tag des Kindes mit einem kleinen Snack zum Aufwachen nach dem Mittagsschlaf endet, die Kinder also gerade erst gegessen haben. Dabei handelt es sich um den liebevollen Ausdruck von „Schau, ich versorge dich!", „Ich habe an dich gedacht" – und durchaus nicht um die Botschaft an die Krippe: „Sie haben mein Kind vergessen."

Oft bleiben diese Ess-Brücken in den Kita-Teams unreflektiert, werden auch eher selten zum Thema in Entwicklungsgesprächen. Im geteilten Betreuungsfeld sollte auch hier Raum für einen Austausch geschaffen werden.

Essen, Trinken, Mahlzeiten im Entwicklungsgespräch

Das Essverhalten des Kindes verändert sich entwicklungsbedingt und durch die Einflüsse der anderen Kinder. Es wird empfohlen, sich über die Ess-Entwicklung nach Abschluss der Eingewöhnung unbedingt noch einmal auszutauschen (Höhn 2016). Veränderungen sollten dabei sowohl aus der Perspektive der pädagogischen Fachkraft als auch der Familie betrachtet werden. Essen und Trinken sowie das Verhalten bei den Mahlzeiten sind während der gesamten Zeit in der Krippe wichtige Themen bei den jährlichen Entwicklungsgesprächen.

Viele pädagogische Fachkräfte fühlen sich angesichts der zahlreichen Sonderwünsche von Familien gerade im Bereich Essen und Trinken herausgefordert. Orientierung können hier Erkenntnisse zum Beispiel der Deutschen Gesellschaft für Ernährung oder des Forschungsinstituts für Kinderernährung geben. Auf Seite 108ff. sind weiterführende Links und Literatur dazu zusammengestellt. Eine Zusammenarbeit mit Kinderärzten oder Ernährungsberatungsstellen sowie die Etablierung von Elternbildungsveranstaltungen zum Thema Essen, Trinken, Mahlzeiten-Gestaltung sowie zu den Dramen und Herausforderungen am Esstisch haben sich als günstig erwiesen.

Das Glas wird mit beiden Händen gehalten.

8. Mahlzeiten in der Familien- und Berufsbiografie der pädagogischen Fachkräfte

Für die pädagogischen Fachkräfte ist eine Auseinandersetzung mit ihren eigenen positiven und negativen biografischen Erinnerungen rund um Mahlzeiten, Essen und Trinken elementar, um Kinder beim Essen-und-Trinken-Lernen angemessen begleiten zu können. Ohne eine solche Reflexion besteht das Risiko, dass die Gestaltung der Mahlzeiten in der Kita weniger von Fachwissen als von möglicherweise hoch problematischen und noch dazu tief verinnerlichten Glaubenssätzen geprägt ist. Erfahrungen mit Macht und Ohnmacht beim Essen müssen kritisch beleuchtet werden. Pädagogische Fachkräfte haben es bei ihrer Arbeit in der Krippe immer mit zwei Kindern zu tun: dem Kind in sich und dem Kind vor sich. Mit beiden muss eine Auseinandersetzung erfolgen. Beeinflussen die durchlebten Erfahrungen möglicherweise noch heute das eigene Essverhalten? Wie wirken sich die eigenen Ess-Erfahrungen auf das berufliche Handeln aus?

Schon in der Ausbildung zur Erzieherin, im Studium der Kindheitspädagogik oder der Sozialen Arbeit sollte die Auseinandersetzung mit dem eigenen Umgang mit Essen und Trinken im Rahmen von Biografiearbeit eine Rolle spielen. In den pädagogischen Teams ist diese Biografiearbeit im Rahmen von Teamentwicklung und Konzeptionsarbeit vertiefend weiterzuführen. Dabei ist es auf der einen Seite erforderlich, soweit als möglich offen über die Erfahrungen, die das eigene Handeln prägen, zu sprechen. Andererseits handelt es sich hier um sehr persönliche Erfahrungen und durchlebte Prozesse, die nicht in allen Kontexten berichtet oder gar bearbeitet werden können. Bei einer beruflichen Fortbildung besteht tatsächlich ein Risiko, wenn diese Thematiken zu intensiv behandelt werden, dass allzu leicht die Grenze zur Therapie – der richtigere Ort einer intensiven Bearbeitung – überschritten werden kann. Bei ungenügender Steuerung kann eine Dynamik entstehen, die dazu führt, dass einzelne Teilnehmerinnen verstörende Ess-Geschichten aus ihrer Kindheit berichten oder schwerwiegende Probleme mit dem eigenen Körperbild thematisieren, die durch die Fortbildungsleitung nicht aufgefangen werden können. Statt fachlich professionell gestärkt, verlässt eine solche Teilnehmerin möglicherweise innerlich verletzt und aufgewühlt die Fortbildung. Im Ergebnis lassen sich aus dieser Dynamik nur wenige Hinweise ableiten, die hilfreich wären, um das eigene Handeln bei der Begleitung von Kleinkindern in der kleinen Tischgemeinschaft zu professionalisieren.

Ein an positiven Erfahrungen orientierter Ansatz kann die Selbstreflexion oft besser unterstützen. So lassen sich Hinweise für eine gelingende Begleitung der Mahlzeiten meist leichter finden, wenn pädagogische Fachkräfte ihre Ess-Biografie unter der Perspektive gelingender Ess-Erlebnisse und Erfahrungen betrachten. Die einzigartige, wundervolle Ess-Geschichte, was erzählt sie? Vom Garten der Großeltern und dem Apfelkuchen? Ein geschmückter Tisch? Was macht diese Erfahrungen kostbar? Welche Aspekte führten zu Genuss, Entspannung, freudvoller Begegnung? Im Rahmen dieser Aufgabenstellung bleiben dann die „dunklen" Aspekte, die kontrastierend und kurz benannt werden – das Gegenteil der guten Ess-Geschichte – für den Berufskontext besser bearbeitbar.

Ess-Geschichten schreiben sich im Laufe des (Berufs-)Lebens fort. Neben den Prägungen aus der Kindheit fließen vielfältige Erfahrungen mit unserem Essverhalten in unterschiedlichen Lebensabschnitten und Kontexten mit ein. Auch diese können Gegenstand von Reflexionen sein: Wann haben Sie etwas für Sie sehr Ungewöhnliches gegessen? Wie verändert sich Ihr Essverhalten in einem anderen Land, einem anderen Klima? Können Sie beobachten, dass Sie beim Verwandtenbesuch oder beim Besuch Ihrer Herkunftsfamilie anders essen als sonst im Alltag? Welche Relevanz können diese Beobachtungen bei der Begleitung von Kindern in der Krippe haben? Es gilt, aufmerksam für die Veränderungen des Essverhaltens von Kindern nach Kontextwechseln zu sein, zum Beispiel nach der Rückkehr aus einem Urlaub. Das gelingt leichter, wenn der pädagogischen Fachkraft das eigene unterschiedliche Essverhalten in verschiedenen Kontexten bewusst ist. Ein Team, das zu einer vertrauensvollen Zusammenarbeit gefunden hat, stellt einen wertvollen Rahmen für diese Form der Professionsentwicklung dar. Dabei kommt der Leitung eine wichtige Rolle in der Führung des pädagogischen Teams bei der Weiterentwicklung des professionellen Handelns durch Selbstreflexion zu.

Darüber hinaus sollten die berufsbiografischen Ess-Geschichten sorgfältig reflektiert werden. Es darf nicht ausgeblendet werden, dass, wenn von unangemessenen Verhaltensweisen und Übergriffen von Erzieherinnen in der Kita die Rede ist, Zwangshandlungen bei den Mahlzeiten fast immer genannt werden. Haben Sie selbst grenzwertige Erfahrungen im Umgang mit Ess-Situationen in einer Institution erlebt? Wie sind Sie damit umgegangen? Die berufsbiografische Reflexion ist wichtig, weil die Erinnerungen an Mahlzeiten aus der Familienbiografie oft zu weit von der Berufsrealität in einer Institution entfernt sind, als dass ein Transfer möglich ist. Unterschiede sind zum Beispiel im Ablauf, im räumlichen Rahmen, in der Größe der Tischgemeinschaft zu sehen. In vielen Kinderkrippen spielt die Orientierung an Zeitökonomie eine problematische Rolle bei der Gestaltung der Mahlzeiten.

Die Leitung einer Kita beklagt sich in der Teamsitzung in vorwurfsvollem Ton: „Die Schneckengruppe hat offenbar immer noch Probleme, die Mahlzeit in der vorgesehenen Zeit zu beenden. Die Tigergruppe schafft das doch auch in 20 Minuten. Frau Brühl in der Küche muss immer auf das Geschirr warten!"

Kolleginnen, die die Kinder möglicherweise besonders schnell abfertigen, bekommen vielleicht ein positiveres Feedback als Kolleginnen, die versuchen, eine beziehungsvolle Gestaltung der Mahlzeiten zu realisieren. Führt die Arbeit in einem solchen Team auf Dauer wohl zu einem funktionalistischen Arbeiten? Die Einnahme einer berufsbiografischen Perspektive in Bezug auf die Gelingensfaktoren bei den Mahlzeiten hat zur Folge, dass im Austausch miteinander sichtbar wird, welche Bedingungen gegeben sein müssen, damit die Ess-Situationen für die pädagogischen Fachkräfte und für die Kinder zu intensiven und freudvollen Begegnungen werden.

Literatur

Ahnert, L. (2015): Wieviel Mutter braucht das Kind? Bindung – Bildung – Betreuung: öffentlich und privat. Heidelberg: Spektrum.

Arbeitsgemeinschaft der Wissenschaftlichen Medizinischen Fachgesellschaften (AWMF) (2015): Langfassung der Leitlinie zu psychischen Störungen im Säuglings-, Kleinkind- und Vorschulalter. S2k 028/041. Version 26.09.2015. Verfügbar unter www.awmf.org/uploads/tx_szleitlinien/028-041l_S2k_Psychische_Stoerungen_Saeugling_Kleinkind_Vorschulalter_2013-10.pdf [04.11.2016].

Bläsius, J. (2015): Übungen des praktischen Lebens für Kinder unter drei Jahren (Montessori Praxis). Freiburg: Herder.

Borke, J. & Keller, H. (2014): Kultursensitive Frühpädagogik. Stuttgart: Kohlhammer.

Bostelmann, A. & Fink, M. (2014): Mahlzeiten in der Krippe. Lernchancen erkennen und Essenssituationen einfühlsam begleiten. Berlin: Bananenblau.

Bruns, D.A. & Thompson, S.D. (2012): Feeding challenges in young children. Strategies and Specialized Interventions for Success. Baltimore: Brookes Publishing.

Chatoor, I. (2009): Fütterstörungen bei Säuglingen und Kleinkindern. Diagnose und Behandlungsmöglichkeiten. Stuttgart: Klett Cotta.

Derman-Sparks, L. & Ramsey, P.G. (2013): What if all the kids are white? Antibias multicultural education with young children and families (2nd edition). New York: Teachers College.

Deutsche Gesellschaft für Ernährung e.V. (DGE) (Hrsg.) (2014): Qualitätsstandards für die Verpflegung in Tageseinrichtungen für Kinder (5. Auflage). Bonn: DGE.

Dunitz-Scheer, M., Tappauf, M., Burmucic, K. & Scheer, P. (2007): Frühkindliche Essstörungen. Kinder sind keine Gefäße! Monatsschrift Kinderheilkunde, 9, 795–803.

Edwards, D. (2015): Chewing can be tricky. Keeping Children Safer at Mealtime. German Version. Verfügbar unter www.swallowingdisorderfoundation.com/wp-content/uploads/2015/09/Chewing-Can-Be-Tricky-v16-German.pdf [04.11.2016].

Flechsig, K.-H. (1996): Kulturelles, interkulturelles und transkulturelles Lernen als Aneignung kultureller Skripte. Verfügbar unter www.user.gwdg.de/~kflechs/iikdiaps9-96.htm [04.11.2016].

Forschungsinstitut für Kinderernährung Dortmund e.V. (FKE) (Hrsg.) (2013): Empfehlungen für die Ernährung von Säuglingen (9. Auflage). Dortmund: FKE.

Fraker, C., Fishbein, M., Cox, S. & Walbert, L. (2007): Food Chaining. The Proven 6-Step Plan to Stop Picky Eating, Solve Feeding Problems and Expand Your Child's Diet. Philadephia: Perseus Books Group.

Frankenberg, J. von (2012): Orofaziale Störungen und Dysphagien im Säuglings- und Kleinkindalter in der ambulanten sprachtherapeutischen Praxis. Spektrum Patholinguistik. 5, 1–18.

Gontard, A. von (2010): Säuglings- und Kleinkindpsychiatrie. Ein Lehrbuch. Stuttgart: Kohlhammer.

Gonzales-Mena, J. & Widmeyer-Eyer, D. (2008): Säuglinge, Kleinkinder und ihre Betreuung, Erziehung und Pflege. Ein Curriculum für respektvolle Pflege und Erziehung. Freiamt: Arbor. Verfügbar unter www.arbor-verlag.de/files/9783936855340.pdf [04.11.2016].

Gutknecht, D. (2003): Sprachanbahnung und Mund- und Esstherapie auf der Basis basaler, atem- und wahrnehmungstherapeutischer Ansätze. Unveröffentlichtes Seminarskript. Pädagogische Hochschule Heidelberg.

Gutknecht, D. (2010): Professionelle Responsivität. Ein hochschulbezogenes Ausbildungskonzept für den frühpädagogischen Arbeitskontext U3: Kinder unter drei Jahren und ihre Familien. Dissertation, PH Heidelberg. Verfügbar unter www.nbn-resolving.de/urn:nbn:de:bsz:he76-opus-75225 [04.11.2016].

Gutknecht, D. (2015): Bildung in der Kinderkrippe. Wege zur Professionellen Responsivität. Stuttgart: Kohlhammer.

Höhn, K. (2010): Gemeinsam Räume bilden – für die Jüngsten planen. Kronach: Carl Link.

Höhn, K. (2014): Bildungsort Mahlzeit – Die Essenssituation mit Kleinstkindern entwicklungsgerecht gestalten. Kleinstkinder, 1, 6–9.

Höhn, K. (2016): Eingewöhnung und Übergänge in Krippe und Kita gestalten. Freiburg: Herder.

Höhn, K. & Lutz, C. (2013): Stadt Reutlingen – Qualitätsentwicklung in Kitas durch BeKi. ESSPRESS. Informationen für Fachfrauen für Kinderernährung im Rahmen der Landesinitiative BeKi, BW, 2, 4–5.

Kölsch-Bunzen, N., Morys, R. & Knoblauch, C. (2015): Kulturelle Vielfalt annehmen und gestalten: Eine Handreichung für die Umsetzung des Orientierungsplans für Kindertageseinrichtungen in Baden-Württemberg. Freiburg: Herder.

Kramer, M. & Gutknecht, D. (2016): Schlafen in der Kinderkrippe. Achtsame und konkrete Gestaltungsmöglichkeiten. Freiburg: Herder.

Laewen, H.-J., Andres, B. & Hédervári, É. (2011): Die ersten Tage – ein Modell zur Eingewöhnung in Krippe und Tagespflege (8. Auflage). Weinheim: Beltz.

McNally, J., Hugh-Jones, S., Caton, S., Vereijken, C., Weenen, H. & Hetherington, M. (2016): Communicating hunger and satiation in the first 2 years of life: a systematic review. Matern Child Nutr, 12, 205–228.

Methfessel, B., Höhn, K. & Miltner-Jürgensen, B. (2016): Essen und Ernährungsbildung in der KiTa. Entwicklung – Versorgung – Bildung. Stuttgart: Kohlhammer.

Morris, S.E. & Klein, M.D. (2000): Mund- und Esstherapie bei Kindern: Entwicklung, Störungen und Behandlung orofazialer Fähigkeiten (2. Auflage). München: Urban & Fischer.

Papoušek, M., Schieche, M. & Wurmser, H. (2010): Regulationsstörungen der frühen Kindheit: Frühe Risiken und Hilfen im Entwicklungskontext der Eltern-Kind-Beziehungen (2. Auflage). Bern: Huber.

Pikler, E. & Tardos, A. (2014): Miteinander vertraut werden. Erfahrungen und Gedanken zur Pflege von Säuglingen und Kleinkindern. Freiamt: Arbor.

Ramsay, S.A., Branen, L.J., Fletcher, J., Price, E., Johnson, S.L. & Sigman-Grant, M. (2010): "Are you done?" Child care providers' verbal communication at mealtimes that reinforce or hinder children's internal cues of hunger and satiation. Journal of Nutricion Education and Behaviour, 42 (4), 265–270.

Renz-Polster, H. (2015): Kinder verstehen. Born to be wild. Wie die Evolution unsere Kinder prägt. München: Kösel.

Roper, N., Logan, W. & Tierney, A.J. (2009): The Roper-Logan-Tierney Model of Nursing: Based on activities of living. New York: Churchill Livingstone.

Rowell, K. & McGlothlin, J. (2015): Helping Your Child with Extreme Picky Eating. A Step by Step Guide for Overcoming Selective Eating, Food Aversion and Feeding Disorders. Oakland: New Harbinger Publications Inc.

Sarimski, K. (2012): Behinderte Kinder in inklusiven Kindertagesstätten. Stuttgart: Kohlhammer.

Satter, E. (2000): Child of Mine. Feeding with love and good sense. Boulder: Bull Publishing Company.

Scheer, P. & Dunitz-Scheer, M. (2005): Jenseits von dick und dünn: Kochen – Essen – Familie. Der etwas andere Ratgeber. Wien: Falter.

Southall, A. & Martin, C. (2011): Feeding Problems in Children. A practical guide. London: Radcliffe Publishing.

Stern, D. (2006): Die Mutterschaftskonstellation: Eine vergleichende Darstellung verschiedener Formen der Mutter-Kind-Psychotherapie (2. Auflage). Stuttgart: Klett-Cotta.

Thiel-Bonney, C. & Hofacker, N. von (2014): Fütterstörungen in der Frühen Kindheit. In: M. Cierpka (Hrsg.): Frühe Kindheit 0–3 Jahre: Beratung und Psychotherapie für Eltern mit Säuglingen und Kleinkindern. Heidelberg: Springer.

Toomey, K. (2010): Steps to Eating. Verfügbar unter www.childhealthanddevelopment.files.wordpress.com/2012/03/kaytoomey.pdf [04.11.2016].

Török, K. (2014): Kooperation während der Pflege und die gemeinsame Freude am Spiel. In: E. Pikler & A. Tardos (Hrsg.): Miteinander vertraut werden. Erfahrungen und Gedanken zur Pflege von Säuglingen und Kleinkindern (6. Auflage). Freiamt: Arbor.

Vincze, M. (2014): Von der Flasche bis zum selbstständigen Essen. In: E. Pikler & A. Tardos (Hrsg.): Miteinander vertraut werden. Erfahrungen und Gedanken zur Pflege von Säuglingen und Kleinkindern (6. Auflage). Freiamt: Arbor.

Links und Adressen

www.dge.de

Deutsche Gesellschaft für Ernährung e.V. (DGE): Infos zu allen Aspekten der Ernährung, zum Beispiel Kriterien für Speiseplanung, empfohlene Kalibrierung, Nährwerte.

www.fke-do.de

Forschungsinstitut für Kinderernährung (FKE) Dortmund: mit Infos auch zur „Optimierten Mischkost" OptimiX.

www.fitkid-aktion.de

FitKid ist eine Infosparte für Gemeinschaftseinrichtungen (inkl. Kitas): Infos zum Beispiel zu Speiseplänen, Zertifizierung, Ernährung in spezifischen Altersgruppen, gesetzlichen Vorgaben; Broschüre „DGE Qualitätsstandards für die Verpflegung in Tageseinrichtungen für Kinder" als print und download erhältlich.

www.bertelsmannstiftung.de

Link zur Studie „Is(s)t KiTa gut? KiTa-Verpflegung in Deutschland: status quo und Handlungsbedarfe" (2014).

www.ernährung-und-bewegung.de

Plattform Ernährung und Bewegung der Bundeszentrale für gesundheitliche Aufklärung (BZgA) für die Zielgruppe Eltern.

www.bips-institut.de

Leibniz-Institut für Präventionsforschung und Epidemiologie – BIPS GmbH: „Gute Hygienepraxis in KiTa-Küchen" (2011); gut verständlicher Hygiene-Ratgeber.

www.aid.de

Ministerium für Ländlichen Raum und Verbraucherschutz Baden-Württemberg (Hrsg.) (2016): Esspedition Kita – Ernährungsbildung für die Praxis; Ringordner mit hervorragend aufbereiteten Materialien zur Ernährungsbildung.

Bezugsadressen Ess-Equipment

Fächerteller:

Platte 3-geteilt, Serie Davos, Länge: 27,0 cm, Breite: 21,0 cm, Melamin, weiß, Waca

http://www.hubert-versand.de

Reutlinger Ess-Schälchen

http:/toepferei-bernhart.de

CamoCup®, Löffel und andere Hilfsmittel für die inklusive Pädagogik

http://www.camocup.de/

http://www.hoppediz.de/

http://www.dr-boehm.de/flexy-loeffel.html

https://www.ringelfee.de/

Verpflegungskonzepte

Deutscher Caritasverband e.V. & Diakonisches Werk der Evangelischen Kirche in Deutschland e.V. (Hrsg.) (2009): Wenn in sozialen Einrichtungen gekocht wird. Freiburg: Lambertus.

Vernetzungsstellen Schul- und Kitaverpflegung

Infos der Vernetzungsstellen zur Schul- und Kitaverpflegung im Nationalen Aktionsplan IN FORM in den Bundesländern: www.bmel.de/SharedDocs/Downloads/Broschueren/Flyer-Poster/FlyerVernetzungsstellen-Schulverpflegung.pdf.

Gemeinsam die Ess-Brücke bauen
Interview zur Familienkultur und Ess-Geschichte von

....

(Vorname, Nachname)

Wie werden die Mahlzeiten bei Ihnen zuhause gestaltet? Welche Rituale bevorzugt Ihr Kind, an die im Alltag der Kita angeknüpft werden könnte?

....

Isst Ihr Kind, wenn alle Familienmitglieder essen, oder bekommt es sein Essen in der Regel vor- oder nachher?

....

Wo essen Sie zuhause (Küche, Wohnzimmer, am Boden, am Tisch)?

....

Wie viele Personen essen bei Ihnen üblicherweise gemeinsam? Wer isst mit?

....

Welche Gegenstände sind bei den Mahlzeiten in Gebrauch?

....

Welche Unterstützung erhält Ihr Kind normalerweise von Ihnen? Wird es gefüttert, wird die Nahrung zerkleinert oder püriert?

....

Welche Nahrung bekam Ihr Kind bisher? Haben Sie gestillt, wenn ja, wie lange?

....

Wann haben Sie auf Beikost umgestellt? Was waren die ersten Lebensmittel, und wie hat Ihr Kind darauf reagiert?

....

Welche Lebensmittel und Speisenfolgen bevorzugen Sie aktuell? Welche Eigenschaften hat die Nahrung: weich, breiig, suppig oder bissig? Warm oder kalt?

....

Welche Zubereitungsformen und Würzungen bevorzugen Sie?

....

Wie geht Ihr Kind mit vermengten Speisen (Eintopf) um?

....

Gibt es Lebensmittel, die Ihr Kind besonders in Situationen der Anspannung bevorzugt?

....

Gibt es Lebensmittel, Speisen oder Getränke, die Ihr Kind nachweislich nicht verträgt (Allergieneigung bzw. Allergienachweis durch den Arzt)?

....

....

Gibt es Lebensmittel, Speisen oder Getränke, von denen Ihr Kind erbrochen hat oder ihm in Folge deutlich unwohl war?

....

Welche Getränke bevorzugt Ihr Kind? Welche Trinkgefäße bevorzugt es?

....

Wie sieht das Trinkverhalten Ihres Kindes aus? Trinkt es zur Mahlzeit? Zum Einschlafen?

....

Hat Ihr Kind aktuell einen deutlichen Esszeitenrhythmus über den Tag hinweg? Wie viele Mahlzeiten werden gereicht? Seit wann hat sich das so eingespielt?

....

Welche motorischen Fertigkeiten hat Ihr Kind bereits erlangt (frei, im Gleichgewicht sitzen; Kulturtechniken wie Essen mit Besteck, aus dem Glas trinken; Tätigkeiten um die Mahlzeit wie Händewaschen, Tischdecken)?

....

Welche Fertigkeiten entwickelt Ihr Kind aktuell? Was sollte bedacht werden?

....

Gibt es Lebensmittel, die von Ihrer Familie gemieden oder bevorzugt werden, zum Beispiel aus religiösen Gründen oder bestimmten Überzeugungen?

....